दुःख पर विजय पाने के 51 व्यावहारिक उपाय

महेश शर्मा

क्रम-सूची

क्रम-सूची

क्रम-सूची

भूमिका

लेखक

यह पुस्तक दुःख के बीच में शांति, खुशी और उपचार खोजने के लिए एक व्यापक मार्गदर्शन प्रदान करती है। प्रत्येक अध्याय दुःख से निपटने के लिए एक अनूठा दृष्टिकोण प्रस्तुत करता है, जिसमें दोस्तों से बात करने और पालतू जानवरों के साथ खेलने जैसी सरल गतिविधियों से लेकर जर्नलिंग और हर जगह सुंदरता खोजने जैसी अधिक आत्मनिरीक्षण विधियाँ तक शामिल हैं। इन व्यावहारिक रणनीतियों की खोज करके, पाठक अपने दुःख से निपटने और अपने आस-पास की दुनिया में सांत्वना पाने के नए तरीके खोज सकते हैं।

पुस्तक भावनाओं को स्वीकार करने और संसाधित करने के महत्व पर जोर देकर शुरू होती है। यह पाठकों को अपने भावनात्मक कल्याण को बढ़ावा देने के तरीकों के रूप में दोस्तों से बात करने, पालतू जानवरों के साथ खेलने और सामाजिक रूप से जुड़े रहने के लिए प्रोत्साहित करती है। ये गतिविधियाँ साहचर्य और समर्थन की भावना प्रदान करती हैं, जिससे व्यक्तियों को उनके दुःख में कम अलग-थलग महसूस करने में मदद मिलती है।

जैसे-जैसे पुस्तक आगे बढ़ती है, यह अधिक चिंतनशील प्रथाओं पर प्रकाश डालती है, जैसे कि सितारों को देखना, पक्षियों को देखना और प्रकृति की सुंदरता की खोज करना। ये गतिविधियाँ पाठकों को प्राकृतिक दुनिया की सुंदरता में सांत्वना खोजने के लिए, अपने आसपास की दुनिया को धीमा करने और उसकी सराहना करने के लिए प्रोत्साहित करती हैं। प्रकृति के साथ जुड़कर, व्यक्ति शांति और जुड़ाव की भावना पा सकते हैं जो उनके दुःख से परे है।

पुस्तक रचनात्मक अभिव्यक्ति के चिकित्सीय लाभों की भी पड़ताल करती है। एक पक्षीघर बनाना, बादलों को देखना और शौक में शामिल होना ये सभी गतिविधियाँ हैं जो व्यक्तियों को रचनात्मक रूप से खुद को अभिव्यक्त करने के लिए प्रोत्साहित करती हैं। ये गतिविधियाँ गहराई से व्यक्तियों को अपनी भावनाओं को किसी सकारात्मक और रचनात्मक चीज में बदलने की ताकत देती हैं।

इसके अतिरिक्त, पुस्तक आत्म-देखभाल और सचेतनता के महत्व पर जोर देती है। झपकी लेना, छोटे लक्ष्य निर्धारित करना और प्रतिदिन कृतज्ञता का अभ्यास करना किसी के मानसिक और भावनात्मक कल्याण को प्राथमिकता देने के विभिन्न तरीके हैं। स्वयं की देखभाल करके और वर्तमान क्षण पर ध्यान केंद्रित करके, व्यक्ति शांति और संतुष्टि की भावना पैदा कर सकते हैं जो उन्हें दुःख से उबरने में मदद कर सकता है।

अंततः, यह पुस्तक उपचार के लिए एक समग्र दृष्टिकोण प्रदान करती है। विभिन्न प्रकार की गतिविधियों और प्रथाओं की खोज करके, पाठक यह जान सकते हैं कि उनके लिए सबसे अच्छा क्या काम करता

है और इन रणनीतियों को अपने दैनिक जीवन में शामिल कर सकते हैं। चाहे सरल गतिविधियों के माध्यम से या अधिक आत्मनिरीक्षण प्रथाओं के माध्यम से, पुस्तक दुःख से बचने और रास्ते में खुशी और उपचार खोजने के लिए एक रोडमैप प्रदान करती है।

—लेखक

1

दोस्तों से बात करना

जीवन के सफर में दुःख एक ऐसा साथी है जिसका सामना हम सभी को कभी-न-कभी करना पड़ता है। चाहे वह किसी प्रियजन की हानि हो, हमारे करियर में कोई झटका हो, या कोई व्यक्तिगत संघर्ष हो, दुःख हमारे दिलों पर भारी पड़ सकता है। लेकिन अँधेरे के बीच, आशा की किरणें हैं, और ऐसा ही एक प्रकाशस्तंभ है दोस्तों के साथ बातचीत की शक्ति।

दोस्तों से बात करना

दोस्तों से बात करना सिर्फ बेकार की बक-बक से कहीं अधिक है। यह आपके दिल को खोलने और उन लोगों के साथ अपनी भावनाओं, विचारों और अनुभवों को साझा करने के बारे में है जो आपकी परवाह करते हैं। यह असुरक्षित होने के बारे में है, यह जानते हुए कि आपके मित्र हर दुःख और बुरे समय में आपका समर्थन करेंगे। जब दुःख आता है, तो दोस्तों से बात करने से निर्णय के डर के बिना अपनी भावनाओं को व्यक्त करने का एक सुरक्षित स्थान मिलता है।

यह महत्त्वपूर्ण क्यों है?

जब दुःख हमें घेर लेता है, तो एकांत में चले जाना और खुद को दुनिया से अलग कर लेना आसान हो जाता है। हालाँकि, यह केवल हमारे दर्द को बढ़ाता है और हमारी पीड़ा को बढ़ाता है। दोस्तों से बात करना जरूरी है क्योंकि यह हमें याद दिलाता है कि हम अपने संघर्षों में अकेले नहीं हैं। यह हमारे सामाजिक समर्थन नेटवर्क को मजबूत करता है और दोस्ती के बंधन को मजबूत करता है। इसके अलावा, अपना दुःख दूसरों के साथ साझा करने से न केवल हमारे कंधों पर बोझ हल्का होता है बल्कि हमारे दोस्तों को आराम, सहानुभूति और व्यावहारिक सलाह देने का मौका भी मिलता है। उनकी उपस्थिति हमें याद दिलाती है कि सुरंग के अंत में रोशनी है और हमें कठिन समय में डटे रहने की ताकत देती है।

दोस्तों से कैसे बात करें

दोस्तों के साथ दुःख के बारे में बातचीत शुरू करना पहली बार में कठिन लग सकता है, लेकिन पहला कदम उठाना महत्त्वपूर्ण है। इस प्रक्रिया में आपका मार्गदर्शन करने के लिए यहाँ कुछ सुझाव दिए गए हैं:

• सही समय और स्थान चुनें: ऐसा समय और स्थान चुनें जहाँ आप और आपका मित्र बिना ध्यान भटकाए खुलकर बात कर सकें। चाहे वह एक शांत कैफे में एक कप कॉफी से अधिक हो या पार्क में इत्मीनान से टहलने के दौरान, सुनिश्चित करें कि आप एक-दूसरे का पूरा ध्यान रखें।

• ईमानदार और संवेदनशील बनें: प्रामाणिकता सार्थक बातचीत की कुंजी है। आप कैसा महसूस कर रहे हैं, इसके बारे में ईमानदार रहें और भेद्यता दिखाने से न डरें। आपके मित्र आपके खुलेपन की सराहना करेंगे और समर्थन देने के लिए अधिक इच्छुक होंगे।

• जितना बोलें उतना सुनें: याद रखें कि बातचीत दोतरफा होती है। हालाँकि अपनी भावनाओं को व्यक्त करना महत्त्वपूर्ण है, लेकिन अपने मित्र के दृष्टिकोण को सुनना भी न भूलें। उनकी अंतर्दृष्टि और अनुभव मूल्यवान अंतर्दृष्टि और आराम प्रदान कर सकते हैं।

• समर्थन खोजें, समाधान नहीं: कभी-कभी, हमें केवल सुनने वाले कान और सहारा लेने वाले कंधे की आवश्यकता होती है। हालाँकि

आपके मित्र सलाह दे सकते हैं, याद रखें कि उनकी प्राथमिक भूमिका भावनात्मक समर्थन प्रदान करना है। यदि उनके सुझाव आपके अनुरूप नहीं हैं, तो उन पर कार्य करने के लिए दबाव महसूस न करें।

• आभार व्यक्त करें: अपने दोस्तों के साथ अपना दुःख साझा करने के बाद, उनके समर्थन और समझ के लिए आभार व्यक्त करना न भूलें। उन्हें बताएं कि उनकी उपस्थिति आपके लिए कितना मायने रखती है और इसने आपके दर्द को कम करने में कैसे मदद की है।

अंतिम समाधान

दोस्तों से बात करना दुःख का कोई जादुई इलाज नहीं है, लेकिन यह उस पर काबू पाने के लिए आपके शस्त्रागार में एक शक्तिशाली उपकरण है। उन लोगों के प्रति खुलकर, जो आपकी परवाह करते हैं, आप प्रेम, सहानुभूति और समझ को अपने जीवन में प्रवेश करने देते हैं। साझा हँसी और आँसुओं के माध्यम से, आपको एहसास होता है कि दुःख सड़क का अंत नहीं है, बल्कि उपचार और अनुकूलन की दिशा में आपकी यात्रा में एक बाधा मात्र है। इसलिए, अपने दोस्तों तक पहुँचें, उनके कंधों पर झुकें, और उनकी गर्मजोशी को अँधेरी रातों में आपका मार्गदर्शन करने दें। साथ मिलकर, आप पहले से कहीं अधिक मजबूत, समझदार और अधिक लचीले बनकर उभरेंगे।

2
पालतू जानवरों के साथ खेलना

पालतू जानवर सिर्फ जानवर नहीं हैं; वे प्यारे साथी हैं जो हमारे जीवन में खुशी, आराम और साथ लाते हैं। जब दुःख हम पर अपनी छाया डालता है, तो हमारे पालतू जानवर सांत्वना और समर्थन का स्रोत हो सकते हैं।

पालतू जानवरों के साथ खेलना क्या है?

पालतू जानवरों के साथ खेलने में उनके साथ चंचल और आकर्षक तरीके से बातचीत करना शामिल है। चाहे वह अपने कुत्ते के लिए गेंद उछालना हो, अपनी बिल्ली के लिए पंख वाला खिलौना लटकाना हो, या बस अपने खरगोश के साथ गले लगाना हो, साझा खुशी और स्नेह के ये क्षण हमारे भावनात्मक कल्याण पर गहरा प्रभाव डाल सकते हैं। पालतू जानवरों में हमारे मूड को समझने और जब हमें इसकी सबसे अधिक आवश्यकता होती है तो आराम और सहयोग प्रदान करने की अद्वितीय क्षमता होती है।

यह महत्वपूर्ण क्यों है?

पालतू जानवरों में हमारा उत्साह बढ़ाने और बिना शर्त प्यार और स्वीकृति की भावना प्रदान करने की उल्लेखनीय क्षमता होती है। जब हम अपने पालतू जानवरों के साथ खेलते हैं, तो हमारा दिमाग ऑक्सीटोसिन और डोपामाइन जैसे अच्छा महसूस कराने वाले रसायन छोड़ता है, जो तनाव और चिंता को कम करने में मदद करते हैं। इसके अलावा, हमारे पालतू जानवरों के साथ चंचल बातचीत हमें हमारे दुःखों से विचलित कर सकती है और वर्तमान क्षण पर ध्यान केंद्रित करने में मदद कर सकती है। यह अविश्वसनीय रूप से चिकित्सीय हो सकता है, खासकर दुःख या दुःख के समय में।

पालतू जानवरों के साथ कैसे खेलें

पालतू जानवरों के साथ खेलना आपके मूड को बेहतर बनाने और दुःख को कम करने का एक सरल लेकिन प्रभावी तरीका है। अपने प्यारे दोस्तों के साथ अपना अधिकतम समय बिताने के लिए यहाँ कुछ सुझाव दिए गए हैं:

• इंटरैक्टिव खेल में व्यस्त रहें: ऐसे खिलौने या गतिविधियाँ चुनें जो आपको अपने पालतू जानवर के साथ बातचीत करने की अनुमति दें। इसमें फेच खेलना, अपनी बिल्ली के लिए लेजर पॉइंटर का उपयोग करना, या लुका-छिपी के खेल में शामिल होना शामिल हो सकता है।

• एक बॉन्डिंग रूटीन बनाएँ: अपने पालतू जानवर के साथ खेलने का एक नियमित रूटीन स्थापित करें। यह न केवल आपके बंधन को मजबूत करता है बल्कि आपको हर दिन कुछ न कुछ इंतजार करने के लिए भी देता है।

• पल में मौजूद रहें: जब आप अपने पालतू जानवर के साथ खेल रहे हों, तो पल पर ध्यान केंद्रित करें और अपनी चिंताओं को छोड़ दें। अपने प्यारे साथी की संगति में रहने के सरल आनंद का आनंद लें।

• शारीरिक स्पर्श को शामिल करें: शारीरिक स्पर्श, जैसे कि प्यार करना, सँवारना या आलिंगन करना, आपके और आपके पालतू जानवर दोनों के लिए अविश्वसनीय रूप से सुखदायक हो सकता है। यह आपके

बीच के बंधन को मजबूत करने में मदद करता है और आराम और सुरक्षा की भावना प्रदान करता है।

• इसे मजेदार और हल्का-फुल्का रखें: याद रखें, अपने पालतू जानवर के साथ खेलने का लक्ष्य मौज-मस्ती करना और एक-दूसरे की कंपनी का आनंद लेना है। इसे बहुत गंभीरता से न लें और अपने आप को मूर्ख और चंचल न होने दें।

अंतिम समाधान

पालतू जानवरों के साथ खेलना दुःख से केवल एक अस्थायी ध्यान भटकाना नहीं है; यह चिकित्सा का एक शक्तिशाली रूप है जो हमारे भावनात्मक कल्याण पर स्थायी प्रभाव डाल सकता है। वे जो निःस्वार्थ प्यार और सहयोग प्रदान करते हैं, वह हमें याद दिलाता है कि हम अपने दुःखों में अकेले नहीं हैं और घर पर हमेशा खुशी और आराम का एक स्रोत हमारा इंतजार कर रहा है। तो, अगली बार जब आप उदास महसूस करें, तो अपने पालतू जानवरों के साथ खेलने के लिए कुछ समय निकालें। उनकी चंचल हरकतों और प्रेमपूर्ण उपस्थिति को आपका उत्साह बढ़ाने दें और आपको दुःख के बीच में सांत्वना खोजने में मदद करें।

3

सामाजिक जुड़ाव

मनुष्य स्वाभाविक रूप से सामाजिक प्राणी है। हम कनेक्शन, इंटरैक्शन और समुदाय पर जोर देते हैं। जब दुःख आता है, तो पीछे हटना और खुद को अलग करना आसान होता है। हालाँकि, सामाजिक रूप से जुड़े रहना हमारी भावनात्मक भलाई के लिए आवश्यक है।

सामाजिक जुड़ाव क्या है?

सामाजिक रूप से जुड़े रहने में दूसरों के साथ सार्थक संबंध बनाए रखना शामिल है। इसमें परिवार के सदस्य, मित्र, सहकर्मी या आपके समुदाय के सदस्य शामिल हो सकते हैं। यह नियमित संचार, साझा गतिविधियों और आपसी सहयोग के माध्यम से इन कनेक्शनों को विकसित करने के बारे में है। सामाजिक जुड़ाव सिर्फ आपके दोस्तों की संख्या से नहीं बल्कि आपके रिश्तों की गहराई और गुणवत्ता से भी जुड़ा है।

यह महत्त्वपूर्ण क्यों है?

सामाजिक संबंध हमारे मानसिक और भावनात्मक कल्याण में महत्त्वपूर्ण भूमिका निभाता है। जब हम सामाजिक रूप से जुड़े रहते हैं तो हमें अपनेपन और स्वीकार्यता का एहसास होता है। यह, बदले में,

हमारे आत्म-सम्मान और आत्मविश्वास को बढ़ाता है। इसके अलावा, सामाजिक संपर्क हमें कठिन समय के दौरान एक सहायता प्रणाली प्रदान करते हैं। जब हम उदास महसूस कर रहे हों, तो किसी से बात करने या उस पर भरोसा करने से बहुत फर्क पड़ सकता है। अध्ययनों से पता चला है कि जो लोग मजबूत सामाजिक संबंध बनाए रखते हैं, वे प्रतिकूल परिस्थितियों का सामना करने में अधिक खुश, स्वस्थ और अधिक समावेशी होते हैं।

सामाजिक रूप से कैसे जुड़े रहें

सामाजिक संपर्क बनाए रखने के लिए प्रयास और इरादे की आवश्यकता होती है। सामाजिक रूप से जुड़े रहने में आपकी सहायता के लिए यहाँ कुछ युक्तियाँ दी गई हैं:

• नियमित रूप से पहुँचें: मित्रों और परिवार के सदस्यों तक नियमित रूप से पहुँचने का प्रयास करें। टेक्स्ट भेजें, फोन कॉल करें, या वर्चुअल हैंगआउट शेड्यूल करें। यहाँ तक कि एक छोटा सा प्रयास भी आपके संबंधों को बनाए रखने में काफी मदद कर सकता है।

• समूह गतिविधियों में भाग लें: समूह गतिविधियों या क्लबों में शामिल होना नए लोगों से मिलने और अपने सामाजिक दायरे का विस्तार करने का एक शानदार तरीका हो सकता है। चाहे वह एक पुस्तक क्लब हो, एक खेल टीम हो, या एक स्वयंसेवी समूह हो, ऐसी गतिविधियाँ खोजें जिनमें आपकी रुचि हो और उसमें शामिल हों।

• एक अच्छे श्रोता बनें: दूसरों के साथ बातचीत में सक्रिय रूप से सुनने का अभ्यास करें। दूसरे क्या कहते हैं, उसमें वास्तविक रुचि दिखाएँ और जरूरत पड़ने पर अपना समर्थन और सहानुभूति प्रदान करें। यह आपके रिश्तों को मजबूत बनाने में मदद करता है और विश्वास और आपसी सम्मान की भावना को बढ़ावा देता है।

• सामाजिक कार्यक्रमों में भाग लें: जब भी संभव हो सामाजिक कार्यक्रमों या समारोहों में भाग लें। यह जन्मदिन की पार्टी, पारिवारिक पुनर्मिलन या सामुदायिक कार्यक्रम हो सकता है। ये सभाएँ दूसरों से

जुड़ने और आपके सामाजिक बंधनों को मजबूत करने के अवसर प्रदान करती हैं।

? सोशल मीडिया का बुद्धिमानी से उपयोग करें: हालाँकि सोशल मीडिया जुड़े रहने के लिए एक मूल्यवान उपकरण हो सकता है, लेकिन इसका बुद्धिमानी से उपयोग करना आवश्यक है। सोशल मीडिया पर अपना समय सीमित रखें और निष्क्रिय स्क्रॉलिंग के बजाय सार्थक बातचीत पर ध्यान केंद्रित करें।

अंतिम समाधान

सामाजिक रूप से जुड़े रहने का मतलब सिर्फ दोस्तों का एक बड़ा नेटवर्क होना नहीं है; यह सार्थक रिश्तों को पोषित करने के बारे में है जो आपके जीवन में खुशी, समर्थन और सहयोग लाते हैं। दुःख के समय में, ये कनेक्शन जीवन रेखा हो सकते हैं, आराम, समझ और अपनेपन की भावना प्रदान करते हैं। इसलिए, अपने आस-पास के लोगों से जुड़े रहने का प्रयास करें। दोस्तों तक पहुँचें, समूह गतिविधियों में भाग लें और सामाजिक कार्यक्रमों में भाग लें। सामाजिक रूप से जुड़े रहने से, आप पाएँगे कि दुःख सहना आसान हो गया है, और आपके जीवन में खुशी अधिक प्रचुर हो गई है।

4

सितारों को देखना

रात के आकाश की विशालता में, एक ऐसी सुंदरता है जो शब्दों से परे है - एक ऐसी सुंदरता जो हमारे परेशान मन को शांत करने और हमारी आत्माओं को ऊपर उठाने की शक्ति रखती है। तारे देखना सिर्फ एक शगल नहीं है; यह स्वयं से महान किसी चीज से जुड़ने का एक तरीका है।

सितारों को देखना क्या है?

सितारों को देखना रात के आकाश में तारों को देखने और आश्चर्यचकित होने की क्रिया है। यह एक सरल लेकिन गहन अनुभव है जिसने सदियों से मानवता को मोहित किया है। चाहे आप अपने पिछवाड़े में कंबल पर लेटे हों या वेधशाला में दूरबीन के माध्यम से देख रहे हों, तारों को देखने से हमें ब्रह्मांड के आश्चर्यों की झलक मिलती है और ब्रह्मांड में हमारी जगह के बारे में विचार करने की अनुमति मिलती है।

यह महत्त्वपूर्ण क्यों है?

तारों को देखना कई कारणों से महत्त्वपूर्ण है। सबसे पहले और सबसे महत्त्वपूर्ण, यह हमें रोजमर्रा की जिंदगी की हलचल से बचने और शांति का एक पल खोजने की अनुमति देता है। तारों को देखने का कार्य

अविश्वसनीय रूप से विनम्र हो सकता है, जो हमें ब्रह्मांड की विशालता और हमारी अपनी समस्याओं की क्षणभंगुर प्रकृति की याद दिलाता है। इसके अलावा, तारे को देखने से दिमाग पर शांत प्रभाव पड़ता है, जिससे तनाव और चिंता कम हो जाती है। यह विस्मय और आश्चर्य को भी प्रेरित कर सकता है, जिज्ञासा और अन्वेषण की भावना को जगा सकता है।

सितारों को कैसे देखें?

तारे देखना सरल लग सकता है, लेकिन आपके अनुभव को बेहतर बनाने के लिए कुछ सुझाव दिए गए हैं:

• एक अँधेरा स्थान खोजें: तारों को स्पष्ट रूप से देखने के लिए, आपको शहर की रोशनी से दूर जाना होगा और न्यूनतम प्रकाश प्रदूषण वाला एक अँधेरा स्थान ढूँढना होगा। यदि यह स्ट्रीटलाइट से दूर है तो यह एक पार्क, समुद्र तट या यहाँ तक कि आपका पिछवाड़ा भी हो सकता है।

• स्टार चार्ट का उपयोग करें: एक स्टार चार्ट या स्टारगेजिंग ऐप आपको रात के आकाश में नक्षत्रों और ग्रहों की पहचान करने में मदद कर सकता है। यह आपके तारों को देखने के अनुभव में शिक्षा और उत्साह की एक परत जोड़ता है।

• एक आरामदायक सीट लाएँ: तारों को देखना एक आरामदायक गतिविधि हो सकती है, इसलिए तारों को देखते समय बैठने या लेटने के लिए एक आरामदायक सीट या कंबल लाना सुनिश्चित करें।

• धैर्य रखें: तारों को देखने के लिए धैर्य की आवश्यकता होती है, क्योंकि आपकी आँखों को अँधेरे के साथ तालमेल बिठाने और तारों को दिखाई देने में कुछ समय लग सकता है। अपना समय लें और प्रक्रिया का आनंद लें।

• दूरबीन या टेलीस्कोप का उपयोग करें: हालाँकि यह आवश्यक नहीं है, लेकिन दूरबीन या टेलीस्कोप आपको दूर के तारों और ग्रहों को अधिक विस्तार से देखने की अनुमति देकर आपके तारे को देखने के अनुभव को

बढ़ा सकता है।

अंतिम समाधान

तारे देखना सिर्फ एक शौक नहीं है; यह थेरेपी का एक रूप है जो दुःख के समय में शांति और सांत्वना पाने में हमारी मदद कर सकता है। रात के आकाश की सुंदरता और महिमा हमें याद दिलाती है कि हम खुद से बहुत बड़ी किसी चीज का हिस्सा हैं और हमारे दुःख ब्रह्मांड की भव्य योजना में क्षणभंगुर क्षण हैं। तो, सितारों को देखने के लिए कुछ समय निकालें। उनकी टिमटिमाती रोशनी को अँधेरे में आशा की किरण बनने दें, जो आपको उपचार और आंतरिक शांति की ओर ले जाए।

5

पक्षी देखना

आधुनिक जीवन की भागदौड़ में, हम अक्सर अपने आस-पास की प्राकृतिक दुनिया की सुंदरता और आश्चर्य को नजरअंदाज कर देते हैं। बर्ड वॉचिंग, जिसे बर्डिंग के रूप में भी जाना जाता है, प्रकृति के साथ फिर से जुड़ने और इसकी शांत सुंदरता में सांत्वना पाने का एक आनंददायक तरीका है।

पक्षी देखना या बर्ड वॉचिंग क्या है?

बर्ड वॉचिंग पक्षियों का उनके प्राकृतिक आवास में अवलोकन और अध्ययन है। इसमें विभिन्न पक्षी प्रजातियों की पहचान करना, उनके व्यवहार का अवलोकन करना और उनकी सुंदरता की सराहना करना शामिल है। बर्ड वॉचिंग शहरी पार्कों, प्रकृति अभ्यारण्यों या यहाँ तक कि आपके अपने पिछवाड़े में भी की जा सकती है। यह एक शांतिपूर्ण और फायदेमंद गतिविधि है जो हमें प्रकृति और उसके निवासियों से जुड़ने की अनुमति देती है।

यह महत्त्वपूर्ण क्यों है?

पक्षियों को देखना कई कारणों से महत्त्वपूर्ण है। सबसे पहले और सबसे महत्त्वपूर्ण, यह हमें प्राकृतिक दुनिया की सुंदरता और इसमें रहने वाली पक्षी प्रजातियों की विविध श्रृंखला की सराहना करने की अनुमति देता है। यह अविश्वसनीय रूप से उत्थानकारी और प्रेरणादायक हो सकता है, खासकर दुःख के समय में। इसके अतिरिक्त, बर्ड वॉचिंग चेतना अभ्यास का एक रूप है जो हमें पल में मौजूद रहने और अपने परिवेश के साथ पूरी तरह से जुड़ने के लिए प्रोत्साहित करता है। यह हमारे दिमाग पर शांत और मजबूत प्रभाव डाल सकता है, जिससे तनाव और चिंता को कम करने में मदद मिलती है।

बर्ड वॉच कैसे करें?

पक्षी देखना एक सरल और सुलभ गतिविधि है जिसका कोई भी आनंद ले सकता है। आरंभ करने के लिए यहाँ कुछ सुझाव दिए गए हैं:

• एक फील्ड गाइड प्राप्त करें: आपके क्षेत्र में पक्षियों के लिए एक फील्ड गाइड आपको विभिन्न प्रजातियों की पहचान करने में मदद कर सकता है। पक्षियों के चित्रों और विवरणों के साथ-साथ उनके आवासों और व्यवहारों के बारे में जानकारी वाली एक मार्गदर्शिका देखें।

• दूरबीन में निवेश करें: दूरबीन की एक अच्छी जोड़ी आपके पक्षियों को देखने के अनुभव को बेहतर बना सकती है, जिससे आप पक्षियों को परेशान किए बिना करीब से देख सकते हैं। व्यापक दृश्य क्षेत्र और अच्छी आवर्धन वाली दूरबीनों की तलाश करें।

• सही समय और स्थान चुनें: पक्षी सुबह और देर दोपहर में सबसे अधिक सक्रिय होते हैं, इसलिए पक्षियों को देखने के लिए ये सबसे अच्छा समय है। बहुत सारे पेड़ों और झाड़ियों के साथ एक शांत स्थान चुनें, क्योंकि यह वह जगह है जहाँ पक्षियों के पाए जाने की सबसे अधिक संभावना है।

• धैर्यवान और चौकस रहें: पक्षियों को देखने के लिए धैर्य और गहन अवलोकन कौशल की आवश्यकता होती है। उन गतिविधियों और ध्वनियों को देखें और सुनें जो पक्षियों की उपस्थिति का संकेत देती हैं।

पक्षियों के सामने आने का चुपचाप इंतजार करने के लिए तैयार रहें।

• रिकॉर्ड रखें: आपके द्वारा देखी गई प्रजातियों, आपके द्वारा देखे गए स्थानों और आपके द्वारा देखे गए किसी भी दिलचस्प व्यवहार को रिकॉर्ड करने के लिए एक पक्षी अवलोकन पत्रिका रखने पर विचार करें। यह आपके पक्षी देखने के रोमांच को ट्रैक करने का एक मजेदार और फायदेमंद तरीका हो सकता है।

अंतिम समाधान

पक्षी देखना सिर्फ एक शौक नहीं है; यह थेरेपी का एक रूप है जो हमें प्राकृतिक दुनिया की सुंदरता में शांति और सांत्वना खोजने में मदद कर सकता है। पक्षियों को देखने का सरल कार्य हमें प्रकृति के करीब ला सकता है और हमें हमारे चारों ओर मौजूद सुंदरता और आश्चर्य की याद दिला सकता है। तो, पक्षियों को देखने के लिए कुछ समय निकालें। पक्षियों की सुंदरता आपके उत्साह को बढ़ा दे और आपके हृदय को आनंद से भर दे।

6

प्राकृतिक सुंदरता का अन्वेषण

प्रकृति के पास हमारी आत्माओं को ठीक करने और हमारी आत्माओं को ऊपर उठाने का एक तरीका है। जब हम प्राकृतिक दुनिया की सुंदरता में डूब जाते हैं, तो हमारी चिंताएँ और दुःख दूर हो जाते हैं।

प्राकृतिक सुंदरता की खोज क्या है?

प्रकृति की सुंदरता की खोज में प्राकृतिक दुनिया के आश्चर्यों की सराहना करने के लिए जंगलों, पहाड़ों, समुद्र तटों और पार्कों जैसे प्राकृतिक वातावरण में प्रवेश करना शामिल है। यह सार्थक तरीके से प्रकृति के साथ जुड़ने के बारे में है, चाहे वह लंबी पैदल यात्रा, शिविर लगाना, पक्षियों को देखना, या बस पार्क में इत्मीनान से टहलना हो। प्रकृति की सुंदरता हमारे चारों ओर मौजूद है, जो खोजे जाने और सराहने का इंतजार कर रही है।

यह महत्त्वपूर्ण क्यों है?

प्रकृति की सुंदरता की खोज हमारे मानसिक, भावनात्मक और शारीरिक कल्याण के लिए महत्त्वपूर्ण है। प्रकृति हमारे दिमाग पर शांत प्रभाव डालती है, तनाव, चिंता और अवसाद को कम करती है। यह विस्मय और आश्चर्य को भी प्रेरित करता है, जो हमारे दृष्टिकोण को बदलने और हमें बड़ी तस्वीर की याद दिलाने में मदद कर सकता है। इसके अलावा, प्रकृति में समय बिताने से हमें आधुनिक जीवन की माँगों से अलग होने और खुद और प्राकृतिक दुनिया से दोबारा जुड़ने का मौका मिलता है। यह अविश्वसनीय रूप से तरोताजा करने वाला और उत्थानकारी हो सकता है, खासकर दुःख के समय में।

प्रकृति की सुंदरता का अन्वेषण कैसे करें?

प्रकृति की सुंदरता की खोज एक सरल और सुलभ गतिविधि है जिसका कोई भी आनंद ले सकता है। आरंभ करने के लिए यहाँ कुछ सुझाव दिए गए हैं:

? अपना पर्यावरण चुनें: तय करें कि आप किस प्रकार के प्राकृतिक वातावरण का पता लगाना चाहते हैं, चाहे वह पास का पार्क हो, लंबी पैदल यात्रा का मार्ग हो, समुद्र तट हो, या वनस्पति उद्यान हो। ऐसा स्थान चुनें जो आपके अनुरूप हो और प्रकृति की वह सुंदरता प्रदान करता हो जो आप चाहते हैं।

• सावधान रहें: जैसे ही आप प्रकृति का अन्वेषण करते हैं, उस क्षण में उपस्थित रहें और अपने परिवेश के साथ पूरी तरह से जुड़ें। प्रकृति के दृश्यों, ध्वनियों और गंधों पर ध्यान दें। विकर्षणों और चिंताओं को दूर करें, और अपने आप को अपने परिवेश की सुंदरता में डूबने दें।

• अपनी इंद्रियों को शामिल करें: प्रकृति की सुंदरता का अनुभव करने के लिए अपनी सभी इंद्रियों का उपयोग करें। पक्षियों के चहचहाने की आवाज सुनें, अपनी त्वचा पर सूरज की गर्मी महसूस करें, देवदार के पेड़ों की ताजी खुशबू को सूँघें, और फूलों और पत्तों के जीवंत रंगों को देखकर आश्चर्यचकित हो जाएँ।

• अपना समय लें: प्रकृति का मतलब जल्दबाजी करना नहीं है। अपने आस-पास की सुंदरता का पता लगाने और उसकी सराहना करने के लिए अपना समय लें। अपने आप को लक्ष्यहीन रूप से भटकने दें और रास्ते में छिपे हुए रत्नों की खोज करें।

• प्रौद्योगिकी से अलग हो जाएँ: प्रकृति की सुंदरता की पूरी तरह से सराहना करने के लिए, अपने उपकरणों से अलग हो जाएँ और खुद को प्राकृतिक दुनिया में डुबो दें। ध्यान भटकने से बचने के लिए अपने फोन को पीछे छोड़ दें या उसे एयरप्लेन मोड पर स्विच कर दें।

अंतिम समाधान

प्रकृति की सुंदरता की खोज दुःख से उबरने और आंतरिक शांति पाने का एक शक्तिशाली तरीका है। प्रकृति के पास सबसे अंधकारमय समय में भी हमें जीवन की सुंदरता और आश्चर्य की याद दिलाने का एक तरीका है। इसलिए, प्रकृति की सुंदरता को देखने के लिए कुछ समय निकालें। प्राकृतिक दुनिया के दृश्य, ध्वनियाँ और गंध आपकी आत्मा को फिर से जीवंत कर दें और आपके दिल को खुशी से भर दें।

7

पक्षीघर बनाना

पक्षीघर का निर्माण सिर्फ एक शिल्प परियोजना से कहीं अधिक है; यह प्रकृति से जुड़ने और हमारे पंख वाले दोस्तों के लिए घर बनाने का एक तरीका है।

पक्षीघर बनाना क्या है?

पक्षीघर के निर्माण में पक्षियों के घोंसला बनाने के लिए एक छोटा सा आश्रय बनाना शामिल है। पक्षीघर, जिसे घोंसले के बक्से के रूप में भी जाना जाता है, पक्षियों को अपने बच्चों को पालने के लिए एक सुरक्षित और संरक्षित स्थान प्रदान करता है। वे आपके कौशल स्तर और रचनात्मकता के आधार पर सरल या विस्तृत हो सकते हैं। पक्षीघर बनाना एक पुरस्कृत गतिविधि है जो हमें अपनी रचनात्मकता को व्यक्त करते हुए पक्षियों के लिए आवास बनाने की अनुमति देती है।

यह महत्त्वपूर्ण क्यों है?

पक्षीघर बनाना कई कारणों से महत्त्वपूर्ण है। सबसे पहले और सबसे महत्त्वपूर्ण, यह पक्षियों के लिए आवास प्रदान करता है, खासकर शहरी क्षेत्रों में जहाँ प्राकृतिक घोंसले के लिए स्थान मिलना दुर्लभ हो सकता

है। पक्षीघर का निर्माण करके, हम स्थानीय पक्षी आबादी का समर्थन करने और संरक्षण प्रयासों में योगदान करने में मदद कर सकते हैं। इसके अतिरिक्त, पक्षीघर बनाना एक रचनात्मक और संतुष्टिदायक गतिविधि है जो हमारे मूड और उपलब्धि की भावना को बढ़ावा दे सकती है। यह प्रकृति से जुड़ने और हमारे क्षेत्र के पक्षियों के बारे में अधिक जानने का अवसर भी प्रदान करता है।

पक्षीघर कैसे बनाएँ?

पक्षीघर बनाना एक मजेदार और अपेक्षाकृत सरल परियोजना है जिसे कोई भी कर सकता है। आरंभ करने का तरीका यहाँ बताया गया हैः

• एक डिजाइन चुनें: साधारण बक्सों से लेकर विस्तृत संरचनाओं तक, पक्षीघर के लिए कई अलग-अलग डिजाइन हैं। ऐसा डिजाइन चुनें जो आपके कौशल स्तर और उन प्रकार के पक्षियों के अनुकूल हो जिन्हें आप आकर्षित करना चाहते हैं।

• सामग्री इकट्ठा करें: पक्षीघर बनाने के लिए आपको कुछ बुनियादी सामग्रियों की आवश्यकता होगी, जिसमें लकड़ी, कीलें, एक हथौड़ा, एक आरी और बाहरी पेंट शामिल हैं। यदि आप चाहें तो आप पर्च, छत और अन्य सजावटी तत्व भी जोड़ सकते हैं।

• एक योजना का पालन करें: यदि आप पक्षीघर बनाने में नए हैं, तो एक योजना या ट्यूटोरियल का पालन करना एक अच्छा विचार है। ऑनलाइन कई निःशुल्क योजनाएँ उपलब्ध हैं, या आप एक किट खरीद सकते हैं जिसमें आपकी जरूरत की सभी सामग्रियाँ और निर्देश शामिल हैं।

• पक्षीघर बनाएँ: एक बार जब आपके पास अपनी सामग्री और योजना हो, तो निर्माण शुरू करने का समय आ गया है। निर्देशों का सावधानीपूर्वक पालन करें और यह सुनिश्चित करने में अपना समय लें कि आपका पक्षीघर मजबूत और अच्छी तरह से निर्मित है।

• पक्षीघर स्थापित करें: एक बार जब आपका पक्षीघर पूरा हो जाए, तो इसे स्थापित करने के लिए एक उपयुक्त स्थान चुनें। इसे शिकारियों

और अत्यधिक मानवीय गतिविधियों से दूर एक शांत, सुरक्षित स्थान पर रखें। सुनिश्चित करें कि यह उन पक्षियों के लिए सही ऊँचाई पर है जिन्हें आप आकर्षित करना चाहते हैं और यह किसी पेड़ या खंभे से सुरक्षित रूप से जुड़ा हुआ है।

अंतिम समाधान

पक्षीघर बनाना एक फायदेमंद और संतुष्टिदायक गतिविधि है जो हमें दुःख से उबरने और जीवन की साधारण खुशियों में खुशी खोजने में मदद कर सकती है। पक्षियों के लिए आवास बनाकर हम प्रकृति से जुड़ सकते हैं और पर्यावरण पर सकारात्मक प्रभाव डाल सकते हैं। तो, क्यों न एक हथौड़ा और कुछ कीलें उठाई जाएँ और आज ही अपना खुद का पक्षीघर बनाना शुरू कर दिया जाए? पक्षियों के चहचहाने की आवाज और नन्हें बच्चों को अपनी पहली उड़ान भरते हुए देखने से आपके चेहरे पर मुस्कान और आपके दिल में शांति का एहसास हो।

8

बादलों को देखना

अपने दैनिक जीवन की भागदौड़ में, हम अक्सर ऊपर देखना और अपने ऊपर आकाश की सुंदरता की सराहना करना भूल जाते हैं। बादलों को देखना प्रकृति से जुड़ने और उसकी निरंतर बदलती सुंदरता में शांति पाने का एक सरल लेकिन गहन तरीका है।

बादलों को देखना क्या है?

बादलों को देखना आकाश में बादलों के आकार, चाल और पैटर्न को देखने और उनकी सराहना करने का कार्य है। यह ध्यान का एक रूप है जो हमें धीमा करने, पल में मौजूद रहने और हमारे आस-पास की प्राकृतिक दुनिया से जुड़ने की अनुमति देता है। बादलों को कहीं भी देखा जा सकता है, पार्क की बेंच से लेकर आपके पिछवाड़े तक, और इसके लिए बैठने के लिए एक आरामदायक जगह और आकाश के स्पष्ट दृश्य के अलावा और कुछ नहीं चाहिए।

यह महत्त्वपूर्ण क्यों है?

बादल देखना कई कारणों से महत्त्वपूर्ण है। सबसे पहले और सबसे महत्त्वपूर्ण, यह हमें आराम करने और सहज करने की अनुमति देता

है, तनाव और चिंता को कम करता है। बादलों की धीमी, शांतिपूर्ण गतिविधियों को देखने का हमारे दिमाग पर शांत प्रभाव पड़ सकता है, जिससे हमें अपने विचारों को साफ करने और आंतरिक शांति पाने में मदद मिलती है। इसके अतिरिक्त, बादलों को देखना हमें इस पल में मौजूद रहने और हमारे आस-पास की दुनिया की सुंदरता की सराहना करने के लिए प्रोत्साहित करता है। यह हमें याद दिलाता है कि दुःख के समय में भी, प्राकृतिक दुनिया में सुंदरता और आश्चर्य पाया जा सकता है।

बादलों को कैसे देखें

बादलों को देखना एक सरल और सुलभ गतिविधि है जिसका कोई भी आनंद ले सकता है। आरंभ करने के लिए यहाँ कुछ सुझाव दिए गए हैं:

• एक आरामदायक स्थान ढूँढें: बैठने या लेटने के लिए एक आरामदायक स्थान चुनें जहाँ से आपको आकाश का स्पष्ट दृश्य दिखाई दे। यह घास का मैदान, पार्क की बेंच या आपका अपना पिछवाड़ा भी हो सकता है।

• सावधान रहें: जैसे ही आप बादलों को देखते हैं, अपने परिवेश के प्रति सावधान रहें। आकाश के रंग, बादलों के आकार और हवा की गति पर ध्यान दें। किसी भी विकर्षण को छोड़ें और वर्तमान क्षण पर ध्यान केंद्रित करें।

• अपनी कल्पना का उपयोग करें: बादल देखना आपकी कल्पना को उड़ान देने का एक शानदार अवसर है। बादलों में आकृतियाँ और आकार देखने का प्रयास करें, जैसे कि जानवर, वस्तुएँ, या यहाँ तक कि चेहरे भी। अपनी कल्पना को आपको आश्चर्य और खोज की यात्रा पर ले जाने दें।

• गहरी साँस लेने का अभ्यास करें: जैसे ही आप बादलों को देखते हैं, गहरी, धीमी साँसें लें। यह आपके मन और शरीर को शांत करने, तनाव कम करने और विश्राम को बढ़ावा देने में मदद कर सकता है।

• धैर्य रखें: बादल धीरे-धीरे चलते हैं और धीरे-धीरे आकार बदलते हैं, इसलिए उन्हें देखते समय धैर्य रखें। अपने आप को आराम करने दें और बिना किसी हड़बड़ी के प्रक्रिया का आनंद लें।

अंतिम समाधान

बादल देखना केवल एक साधारण शगल नहीं है; यह थेरेपी का एक रूप है जो हमें दुःख से उबरने और प्राकृतिक दुनिया की सुंदरता में शांति पाने में मदद कर सकता है। इसलिए, बादलों को देखने के लिए कुछ समय निकालें। उनकी कोमल हरकतें और हमेशा बदलती आकृतियाँ आपको हमारे चारों ओर मौजूद सुंदरता और आश्चर्य की याद दिलाएँ। बादलों को देखने के शांत क्षणों में, आपको सांत्वना और शांति मिल सकती है, और आपके आस-पास की दुनिया के लिए नए सिरे से सराहना मिल सकती है।

९

समुदाय में स्वयंसेवा

स्वयंसेवा हमारे आस-पास की दुनिया पर सकारात्मक प्रभाव डालने के साथ-साथ हमारी अपनी भलाई के लिए भी एक शक्तिशाली तरीका है। जब हम अपने समुदाय में स्वयंसेवा करते हैं, तो हम न केवल दूसरों की मदद करते हैं बल्कि उद्देश्य और पूर्ति की भावना भी पाते हैं जो हमें दुःख से उबरने में मदद कर सकती है।

समुदाय में स्वयंसेवा क्या है?

समुदाय में स्वयंसेवा में स्थानीय संगठनों, कारणों और पहलों का समर्थन करने के लिए अपना समय, कौशल और संसाधन प्रदान करना शामिल है। यह कई रूप ले सकता है, रसोई में भोजन परोसने से लेकर बच्चों को पढ़ाना, पार्क की सफाई करना, या धन उगाहने वाले कार्यक्रमों में भाग लेना। स्वयंसेवा एक निःस्वार्थ कार्य है जो दूसरों को लाभान्वित करता है और हमें खुशी और संतुष्टि भी प्रदान कर सकता है।

यह महत्त्वपूर्ण क्यों है?

स्वयंसेवा कई कारणों से महत्त्वपूर्ण है। सबसे पहले और सबसे महत्त्वपूर्ण, यह हमें अपने आसपास की दुनिया पर सकारात्मक प्रभाव

डालने की अनुमति देता है। स्वयंसेवा करके, हम दूसरों के जीवन को बेहतर बनाने में मदद कर सकते हैं, महत्त्वपूर्ण कार्यों का समर्थन कर सकते हैं और अपने समुदायों की भलाई में योगदान दे सकते हैं। इसके अतिरिक्त, व्यक्तिगत स्तर पर स्वयंसेवा अविश्वसनीय रूप से फायदेमंद हो सकती है। यह हमें उद्देश्य और पूर्ति की भावना दे सकती है, हमारे आत्म-सम्मान और आत्मविश्वास को बढ़ा सकती है, और हमें दूसरों से अधिक जुड़ाव महसूस करने में मदद कर सकती है।

समुदाय में स्वयंसेवा कैसे करें?

समुदाय में स्वयंसेवा करना बदलाव लाने का एक सरल और सुलभ तरीका है। आरंभ करने के लिए यहाँ कुछ चरण दिए गए हैं:

• अपनी रुचियों और कौशलों को पहचानें: इस बात पर विचार करें कि कौन से कारण या मुद्दे आपके लिए महत्त्वपूर्ण हैं और आप अपने कौशल और प्रतिभाओं का योगदान कैसे कर सकते हैं। चाहे आप शिक्षा, पर्यावरण, या सामाजिक न्याय के प्रति उत्साही हों, इसमें शामिल होने के अनगिनत तरीके हैं।

• स्थानीय अवसरों पर शोध करें: अपने समुदाय में स्वयंसेवी अवसरों की तलाश करें। इसमें स्थानीय गैर-लाभकारी संगठनों से संपर्क करना, ऑनलाइन स्वयंसेवक डेटाबेस की जाँच करना, या सामुदायिक केंद्रों या धार्मिक संस्थानों तक पहुँचना शामिल हो सकता है।

• पहुँचें और शामिल हों: एक बार जब आप एक स्वयंसेवी अवसर की पहचान कर लेते हैं जिसमें आपकी रुचि है, तो आप कैसे शामिल हो सकते हैं, यह जानने के लिए संगठन या समूह तक पहुँचें। यदि आवश्यक हो तो ओरिएंटेशन या प्रशिक्षण सत्र में भाग लें और बदलाव लाने के लिए अपना समय और ऊर्जा स्वेच्छा से देना शुरू करें।

• विश्वसनीय और प्रतिबद्ध रहें: जब आप स्वयंसेवा करते हैं, तो विश्वसनीय और प्रतिबद्ध होना महत्त्वपूर्ण है। अपनी प्रतिबद्धताओं को पूरा करना सुनिश्चित करें और यदि आपको अपने शेड्यूल में कोई बदलाव करने की आवश्यकता हो तो संगठन से संपर्क करें।

• **अपने अनुभव पर विचार करें:** अपने स्वयंसेवी अनुभव पर विचार करने के लिए समय निकालें। इस बारे में सोचें कि इसका आप पर और दूसरों पर क्या प्रभाव पड़ा है, और विचार करें कि आप अपने समुदाय में कैसे सकारात्मक प्रभाव डालना जारी रख सकते हैं।

अंतिम समाधान

समुदाय में स्वयंसेवा करना केवल दूसरों की मदद करने का एक तरीका नहीं है; यह दुःख से उबरने और अपने जीवन में अर्थ और उद्देश्य खोजने का एक शक्तिशाली तरीका है। स्वयंसेवा करके, आप अपने आस-पास की दुनिया पर सकारात्मक प्रभाव डाल सकते हैं, दूसरों से जुड़ सकते हैं, और तृप्ति की भावना पा सकते हैं जो आपकी आत्माओं को ऊपर उठाने में मदद कर सकती है। इसलिए, अपने समुदाय में स्वयंसेवा करने पर विचार करें। चाहे आप सप्ताह में कुछ घंटे या महीने में कुछ दिन निकाल सकें, आपके प्रयास अंतर ला सकते हैं और आपको खुशी और संतुष्टि की भावना ला सकते हैं।

10

बागवानी

बगीचा लगाना प्रकृति से जुड़ने, जीवन का पोषण करने और दुःख के बीच में सांत्वना खोजने का एक सुंदर तरीका है।

बागवानी क्या है?

बागवानी एक निर्दिष्ट क्षेत्र, जैसे पिछवाड़े, बालकनी, या सामुदायिक उद्यान में पौधों, फूलों, फलों या सब्जियों की खेती और देखभाल करने का कार्य है। इसमें बीज या पौधे रोपना, पानी देना, निराई करना और पौधों के बड़े होने पर उनकी देखभाल करना शामिल है। बागवानी एक चिकित्सीय और पुरस्कृत गतिविधि है जो हमें प्रकृति से जुड़ने और अपने परिवेश में सुंदरता पैदा करने की अनुमति देती है।

यह महत्त्वपूर्ण क्यों है?

बागवानी कई कारणों से महत्त्वपूर्ण है। सबसे पहले और सबसे महत्त्वपूर्ण, यह हमें प्रकृति से जुड़ने और पौधों को बढ़ते और फलते-फूलते देखने की खुशी का अनुभव करने की अनुमति देता है। बागवानी भी चिकित्सा का एक रूप हो सकता है, जो उपलब्धि और पूर्णता की भावना प्रदान करता है। इसके अलावा, बागवानी से कई स्वास्थ्य लाभ

होते हैं, जिनमें तनाव, चिंता और अवसाद को कम करना और समग्र कल्याण में सुधार शामिल है।

बगीचा कैसे लगाएँ?

बगीचा लगाना एक अपेक्षाकृत सरल और सुलभ गतिविधि है जिसका कोई भी आनंद ले सकता है। आरंभ करने के लिए यहाँ कुछ चरण दिए गए हैं:

• स्थान चुनें: सूरज की रोशनी, मिट्टी की गुणवत्ता और जल निकासी जैसे कारकों को ध्यान में रखते हुए, अपने बगीचे के लिए उपयुक्त स्थान का चयन करें। यदि आपके पास पिछवाड़ा नहीं है, तो बालकनी या आँगन पर कंटेनर गार्डन लगाने पर विचार करें।

• अपने बगीचे की योजना बनाएँ: तय करें कि आप किस प्रकार का बगीचा लगाना चाहते हैं - चाहे वह फूलों का बगीचा हो, सब्जी का बगीचा हो, जड़ी-बूटी का बगीचा हो, या तीनों का संयोजन हो। आपके पास उपलब्ध जगह पर विचार करें और ऐसे पौधे चुनें जो आपकी जलवायु और मिट्टी के लिए उपयुक्त हों।

• मिट्टी तैयार करें: मिट्टी को बगीचे के काँटे या टिलर से ढीला करके और उसकी उर्वरता और संरचना में सुधार के लिए खाद या अन्य कार्बनिक पदार्थ डालकर तैयार करें।

• अपना बगीचा लगाएँ: बीज पैकेट या पौधे के लेबल पर दिए गए निर्देशों के अनुसार बीज या पौधे रोपें। जैसे-जैसे वे बड़े हों, उन्हें धीरे-धीरे पानी दें और पर्याप्त धूप और पोषक तत्व प्रदान करें।

• अपने बगीचे की देखभालः नियमित रूप से पानी देकर, निराई-गुड़ाई करके और आवश्यकतानुसार खाद डालकर अपने बगीचे का रखरखाव करें। अपने पौधों की जरूरतों पर ध्यान दें और किसी भी समस्या का तुरंत समाधान करें ताकि यह सुनिश्चित हो सके कि वे फलें-फूलें।

अंतिम समाधान

बगीचा लगाना एक फायदेमंद और उपचारात्मक गतिविधि है जो हमें दुःख से उबरने और प्रकृति की सुंदरता में शांति पाने में मदद कर सकती है। जीवन का पोषण करके और एक सुंदर और जीवंत उद्यान बनाकर, हम अपने दुःखों के बीच में सांत्वना और नवीनीकरण पा सकते हैं। तो, एक बगीचा क्यों नहीं लगाया जाए? चाहे आपके पास हरे रंग का अंगूठा हो या आप बागवानी में नए हों, बगीचे को रोपने और उसकी देखभाल करने का सरल कार्य खुशी, शांति और प्राकृतिक दुनिया से जुड़ाव की भावना ला सकता है।

11

मीडिया तक पहुँच सीमित करना

आज के डिजिटल युग में, हम पर लगातार विभिन्न मीडिया स्रोतों से समाचारों और सूचनाओं की बौछार होती रहती है। हालाँकि सूचित रहना महत्त्वपूर्ण है, मीडिया के अत्यधिक संपर्क से हमारे मानसिक और भावनात्मक स्वास्थ्य पर नकारात्मक प्रभाव पड़ सकता है, खासकर दुःख के समय में।

मीडिया में एक्सपोजर क्या है?

मीडिया के संपर्क से तात्पर्य टेलीविजन, रेडियो, समाचार पत्र और इंटरनेट जैसे विभिन्न मीडिया चैनलों के माध्यम से समाचार, सूचना और मनोरंजन होने से है। हालाँकि मीडिया जानकारी का एक मूल्यवान स्रोत हो सकता है, लेकिन अत्यधिक प्रदर्शन से चिंता, तनाव और भारीपन की भावनाएँ पैदा हो सकती हैं, खासकर जब समाचार नकारात्मक या परेशान करने वाले हों।

मीडिया के प्रदर्शन को सीमित करना क्यों महत्त्वपूर्ण है?

मीडिया के संपर्क को सीमित करना कई कारणों से महत्त्वपूर्ण है। सबसे पहले और सबसे महत्त्वपूर्ण, अत्यधिक मीडिया उपभोग तनाव और चिंता के स्तर को बढ़ा सकता है, खासकर जब हम पर लगातार नकारात्मक समाचारों और सूचनाओं की बमबारी होती रहती है। मीडिया एक्सपोजर को सीमित करने से हम उपभोग की जाने वाली जानकारी की मात्रा और प्रकार को नियंत्रित कर सकते हैं, जो घबराहट और चिंता की भावनाओं को कम करने में मदद कर सकता है। इसके अतिरिक्त, मीडिया एक्सपोजर को सीमित करने से अन्य गतिविधियों के लिए समय खाली हो सकता है जो मानसिक और भावनात्मक कल्याण को बढ़ावा देते हैं, जैसे प्रियजन के साथ समय बिताना, शौक में शामिल होना, या चेतना का अभ्यास करना।

मीडिया के संपर्क को कैसे सीमित करें?

मीडिया के संपर्क को सीमित करना आपके मानसिक और भावनात्मक कल्याण की रक्षा करने का एक सरल लेकिन प्रभावी तरीका है। ऐसा करने में आपकी सहायता के लिए यहाँ कुछ युक्तियाँ दी गई हैं:

• सीमाएँ निर्धारित करें: दिन के दौरान विशिष्ट समय निर्धारित करें जब आप समाचार सुनेंगे या मीडिया से जुड़ेंगे। इन समयों के दौरान मीडिया में अपना प्रदर्शन सीमित रखें और पूरे दिन लगातार समाचार अपडेट देखने से बचें।

• अपने स्रोत बुद्धिमानी से चुनें: समाचार और सूचना के प्रतिष्ठित और विश्वसनीय स्रोतों का चयन करें। सनसनीखेज या क्लिकबेट सुर्खियों से बचें जो मजबूत भावनात्मक प्रतिक्रियाओं को भड़काने के लिए बनाई गई हैं।

• सदस्यता समाप्त करें और अनफॉलो करें: यदि कुछ मीडिया स्रोत या सोशल मीडिया अकाउंट आपको तनाव या चिंता का कारण बना रहे हैं, तो उन्हें सदस्यता समाप्त करने या अनफॉलो करने पर विचार करें। अपने मीडिया उपभोग को ऐसे स्रोतों को शामिल करने के लिए व्यवस्थित करें जो जानकारीपूर्ण और उत्साहवर्धक हों।

• सचेत उपभोग का अभ्यास करें: आप जिस सामग्री का उपभोग करते हैं और यह आपके मूड और भावनाओं को कैसे प्रभावित करती है, उसके प्रति सचेत रहें। यदि आप देखते हैं कि कुछ प्रकार की खबरें या सूचनाएँ नकारात्मक भावनाएँ पैदा कर रही हैं, तो उनके प्रति अपना जोखिम सीमित करने पर विचार करें।

• अन्य गतिविधियों में संलग्न रहें: मीडिया पर अत्यधिक समय बिताने के बजाय, उन गतिविधियों में संलग्न रहें जो विश्राम और कल्याण को बढ़ावा देती हैं, जैसे पढ़ना, व्यायाम करना, बाहर समय बिताना या ध्यान का अभ्यास करना।

अंतिम समाधान

मीडिया के संपर्क को सीमित करना मानसिक और भावनात्मक कल्याण की रक्षा करने का एक सरल लेकिन शक्तिशाली तरीका है, खासकर दुःख के समय में। आपके द्वारा उपभोग की जाने वाली जानकारी पर नियंत्रण रखकर और मीडिया उपभोग के चारों ओर सीमाएँ निर्धारित करके, आप तनाव और घबराहट की भावनाओं को कम कर सकते हैं और मानसिक शांति पा सकते हैं। तो, समाचारों और सूचनाओं की निरंतर बौछार से छुट्टी क्यों न ली जाए? मीडिया के सामने अपना प्रदर्शन सीमित रखें और उन गतिविधियों पर ध्यान केंद्रित करें जो आपको खुशी और आराम देती हैं।

12

पहेली हल करना

पहेलियाँ सिर्फ एक मनोरंजक शगल से कहीं अधिक हैं; वे आपके दिमाग को व्यस्त रखने, आराम करने और उपलब्धि की भावना पाने का एक शानदार तरीका हैं।

पहेली क्या है?

पहेली एक खेल या खिलौना है जो किसी व्यक्ति की सरलता या ज्ञान को चुनौती देता है। इसमें अक्सर पूरी तस्वीर बनाने के लिए टुकड़ों को व्यवस्थित करना, किसी समस्या को हल करना या किसी प्रश्न का उत्तर देना शामिल होता है। पहेलियाँ कई रूपों में आती हैं, जिनमें जिग्सॉ पहेलियाँ, क्रॉसवर्ड पहेलियाँ, सुडोकू और ब्रेन टीजर शामिल हैं। पहेलियाँ करना समय बिताने और अपने मस्तिष्क को उत्साहित करने का एक मजेदार और फायदेमंद तरीका हो सकता है।

यह महत्त्वपूर्ण क्यों है?

पहेलियाँ करना कई कारणों से महत्त्वपूर्ण है। सबसे पहले और सबसे महत्त्वपूर्ण, पहेलियाँ मस्तिष्क के लिए मानसिक उत्तेजना और व्यायाम प्रदान करती हैं। वे स्मृति, एकाग्रता और समस्या-समाधान कौशल में

सुधार कर सकती हैं। इसके अतिरिक्त, पहेलियाँ विश्राम और तनाव से राहत का एक रूप हो सकती हैं। पहेली सुलझाने की केंद्रित, दोहरावदार प्रकृति शांत और ध्यानपूर्ण हो सकती है, जिससे चिंता और घबराहट की भावनाओं को कम करने में मदद मिलती है।

पहेली कैसे बनाएँ?

पहेली बनाना एक सरल और सुलभ गतिविधि है जिसका कोई भी आनंद ले सकता है। आरंभ करने के लिए यहाँ कुछ चरण दिए गए हैं:

• एक पहेली चुनें: तय करें कि आप किस प्रकार की पहेली बनाना चाहते हैं। जिग्सॉ पहेलियाँ एक लोकप्रिय पसंद हैं, लेकिन आप क्रॉसवर्ड पहेलियाँ, सुडोकू, या किसी अन्य प्रकार की पहेली भी आजमा सकते हैं जिसमें आपकी रुचि हो।

• सामग्रीयाँ इकट्ठा करें: पहेली के प्रकार के आधार पर, आपको विभिन्न सामग्रीयों की आवश्यकता हो सकती है। उदाहरण के लिए, जिग्सॉ पहेलियों पर काम करने के लिए एक सपाट सतह और अच्छी रोशनी वाले क्षेत्र की आवश्यकता होती है। क्रॉसवर्ड पहेलियाँ केवल एक पेंसिल और कागज से की जा सकती हैं, जबकि सुडोकू पहेलियों के लिए ग्रिड और संख्याओं की आवश्यकता होती है।

• हल करना शुरू करें: उस विशेष पहेली के निर्देशों या नियमों का पालन करते हुए, अपनी पहेली पर काम करना शुरू करें। अपना समय लें और पहेली को हल करने की प्रक्रिया का आनंद लें, न कि केवल इसे पूरा करने पर ध्यान केंद्रित करें।

• ब्रेक लें: यदि आप निराश या अटके हुए महसूस कर रहे हैं, तो एक ब्रेक लें और बाद में पहेली पर वापस आएँ। कभी-कभी, थोड़ी देर के लिए दूर जाने से आपको वापस लौटने पर समाधान अधिक स्पष्ट रूप से देखने में मदद मिल सकती है।

• अपनी सफलता का जश्न मनाएँ: एक बार जब आप पहेली पूरी कर लें, तो अपनी उपलब्धि का जश्न मनाने के लिए कुछ समय निकालें। अच्छी तरह से किए गए काम की संतुष्टि और एक चुनौतीपूर्ण पहेली को

पूरा करने के साथ मिलने वाली उपलब्धि की भावना का आनंद लें।

अंतिम समाधान

पहेली हल करना दुःख से उबरने और मन की शांति पाने का एक सरल लेकिन प्रभावी तरीका है। चाहे आप दोस्तों के साथ जिग्सॉ पहेली पर काम कर रहे हों या अकेले सुडोकू पहेली से निपट रहे हों, पहेली सुलझाने की केंद्रित, ध्यानपूर्ण प्रकृति आपके दिमाग को शांत करने और आपकी आत्माओं को ऊपर उठाने में मदद कर सकती है। तो, क्यों न आज कोई पहेली उठाई जाए? अपने मस्तिष्क को व्यस्त रखने, आराम करने और किसी पहेली को पूरा करने से मिलने वाली उपलब्धि की भावना का आनंद लेने में कुछ समय व्यतीत करें।

13

झपकी लेना

झपकी लेना सिर्फ एक विलासिता नहीं है; यह आपके शरीर और दिमाग को रिचार्ज करने का एक प्राकृतिक तरीका है।

झपकी क्या है?

झपकी नींद की एक छोटी अवधि है, जो आमतौर पर दिन के दौरान ली जाती है। व्यक्तिगत पसंद और जरूरतों के आधार पर झपकी की अवधि कुछ मिनटों से लेकर एक घंटे या उससे अधिक तक हो सकती है। झपकी लेना कई संस्कृतियों में एक आम बात है और अक्सर इसका उपयोग थकान से निपटने और सतर्कता और प्रदर्शन में सुधार करने के तरीके के रूप में किया जाता है।

यह महत्त्वपूर्ण क्यों है?

झपकी लेना कई कारणों से महत्त्वपूर्ण है। सबसे पहले और सबसे महत्त्वपूर्ण, झपकी थकान से निपटने और सतर्कता और संज्ञानात्मक कार्य में सुधार करने में मदद कर सकती है। एक छोटी सी झपकी आपको अधिक तरोताजा और सतर्क महसूस करने में मदद कर सकती है, जिससे ध्यान केंद्रित करना और उत्पादक बनना आसान हो जाता है।

इसके अतिरिक्त, झपकी लेने से मूड में सुधार होता है और तनाव कम होता है, जिससे आपको दैनिक जीवन की चुनौतियों से बेहतर ढंग से निपटने में मदद मिलती है।

झपकी कैसे लें?

झपकी लेना आपके शरीर और दिमाग को तरोताजा करने का एक सरल और सुलभ तरीका है। प्रभावी ढंग से झपकी लेने के लिए यहाँ कुछ सुझाव दिए गए हैं:

• एक आरामदायक स्थान खोजें: अपनी झपकी लेने के लिए एक शांत, आरामदायक जगह चुनें। आदर्श रूप से, यह एक अँधेरा, ठंडा कमरा होना चाहिए जिसमें न्यूनतम शोर और विकर्षण हों।

• एक टाइमर सेट करें: तय करें कि आप कितनी देर की झपकी चाहते हैं और वांछित समय पर आपको जगाने के लिए एक टाइमर सेट करें। 10-20 मिनट की एक छोटी सी झपकी आमतौर पर आपको बिना थके हुए ऊर्जा प्रदान करने के लिए पर्याप्त होती है।

• आराम करें और तनाव मुक्त हो जाएँ: अपनी झपकी लेने से पहले, आराम करने और आराम करने के लिए कुछ मिनट का समय लें। अपनी आँखें बंद करें, कुछ गहरी साँसें लें और किसी भी चिंता या तनाव को दूर करें।

• रणनीतिक रूप से झपकी: झपकी लेने का सबसे अच्छा समय आमतौर पर दोपहर का समय होता है, जब आपकी ऊर्जा का स्तर स्वाभाविक रूप से कम हो जाता है। नियमित दिनचर्या स्थापित करने के लिए हर दिन एक ही समय पर झपकी लेने का प्रयास करें।

• लंबी झपकी से बचें: जबकि लंबी झपकी फायदेमंद हो सकती है, वे आपको सुस्ती का एहसास भी करा सकती हैं और आपकी रात की नींद में बाधा डाल सकती हैं। अपनी नींद के शेड्यूल को बाधित होने से बचाने के लिए अपनी झपकी को 5 मिनट से 20 मिनट तक सीमित करने का प्रयास करें।

अंतिम समाधान

झपकी लेना दुःख से उबरने और अपने शरीर और दिमाग को तरोताजा करने का एक सरल लेकिन प्रभावी तरीका है। चाहे आप शारीरिक रूप से थका हुआ महसूस कर रहे हों या भावनात्मक रूप से थका हुआ महसूस कर रहे हों, एक छोटी सी झपकी आपको अधिक तरोताजा महसूस करने और जीवन की चुनौतियों से बेहतर ढंग से निपटने में मदद कर सकती है। तो, झपकी क्यों नहीं लेते? एक शांत, आरामदायक जगह ढूँढें, एक टाइमर सेट करें, और अपने आप को आराम करने और आराम करने की अनुमति दें। नींद की पुनर्स्थापनात्मक शक्ति आपको दुःख से उबरने और नई ऊर्जा और आशावाद के साथ दिन का सामना करने में मदद करेगी।

झपकी लेना दुःख से उबरने और अपने शरीर और दिमाग को तरोताजा

14

छोटे लक्ष्य निर्धारित करना

छोटे, प्राप्त करने योग्य लक्ष्य निर्धारित करना दुःख से उबरने और अपने जीवन में नियंत्रण और उद्देश्य की भावना पुनः प्राप्त करने का एक शक्तिशाली तरीका है।

छोटे लक्ष्य क्या हैं?

छोटे लक्ष्य प्रबंधनीय, विशिष्ट कार्य या उद्देश्य होते हैं जिन्हें आप कम समय में आसानी से पूरा कर सकते हैं। दीर्घकालिक लक्ष्यों के विपरीत, जिन्हें प्राप्त करने में महीनों या वर्षों का समय लग सकता है, छोटे लक्ष्यों को कुछ ही दिनों या हफ्तों में प्राप्त करने के लिए डिजाइन किया गया है। छोटे लक्ष्य निर्धारित करने से आप बड़े कार्यों या चुनौतियों को छोटे, अधिक प्रबंधनीय चरणों में विभाजित कर सकते हैं।

छोटे लक्ष्य क्यों महत्त्वपूर्ण हैं?

छोटे लक्ष्य निर्धारित करना कई कारणों से महत्त्वपूर्ण है। सबसे पहले और सबसे महत्त्वपूर्ण, छोटे लक्ष्य आपको गति बनाने और प्रेरित रहने

में मदद करते हैं। छोटे लक्ष्य निर्धारित करने और प्राप्त करने से, आप उपलब्धि और प्रगति की भावना का अनुभव कर सकते हैं, जिससे आपका आत्मविश्वास और मनोबल बढ़ सकता है। इसके अतिरिक्त, छोटे लक्ष्य आपको केंद्रित और व्यवस्थित रहने में मदद करते हैं, जिससे बड़े कार्यों या चुनौतियों से निपटना आसान हो जाता है।

छोटे लक्ष्य कैसे निर्धारित करें?

छोटे लक्ष्य निर्धारित करना एक सरल प्रक्रिया है जिसे कोई भी कर सकता है। आरंभ करने में आपकी सहायता के लिए यहाँ कुछ चरण दिए गए हैं:

• अपने उद्देश्यों को पहचानें: आप क्या हासिल करना चाहते हैं इसकी पहचान करके शुरुआत करें। चाहे वह कोई प्रोजेक्ट पूरा करना हो, कोई नया कौशल सीखना हो, या अपने स्वास्थ्य में सुधार करना हो, अपने उद्देश्यों के बारे में स्पष्ट रहें।

• इसे तोड़ें: अपने बड़े उद्देश्य को छोटे, अधिक प्रबंधनीय कार्यों में तोड़ें। उदाहरण के लिए, यदि आपका लक्ष्य एक किताब लिखना है, तो आपके छोटे लक्ष्यों में प्रत्येक दिन एक निश्चित संख्या में पेज लिखना या एक विशिष्ट समय सीमा तक एक अध्याय पूरा करना शामिल हो सकता है।

• इसे विशिष्ट और मापने योग्य बनाएँ: सुनिश्चित करें कि आपके छोटे लक्ष्य विशिष्ट और मापने योग्य हैं। "अधिक व्यायाम करें" जैसे अस्पष्ट लक्ष्य निर्धारित करने के बजाय, एक विशिष्ट लक्ष्य निर्धारित करें जैसे "सप्ताह में तीन बार 30 मिनट की सैर करें।"

• एक समय सीमा निर्धारित करें: प्रत्येक छोटे लक्ष्य के लिए अपने आप को एक समय सीमा दें। इससे आपको कार्य को समय पर पूरा करने के लिए केंद्रित और प्रेरित रहने में मदद मिलेगी।

• लचीले रहें: लचीले रहें और आवश्यकतानुसार अपने लक्ष्यों को समायोजित करने के लिए तैयार रहें। यदि आपको लगता है कि कोई लक्ष्य बहुत चुनौतीपूर्ण है या यथार्थवादी नहीं है, तो इसे और अधिक

प्राप्त करने योग्य बनाने के लिए इसे संशोधित करने से न डरें।

अंतिम समाधान

छोटे लक्ष्य निर्धारित करना दुःख से उबरने और अपने जीवन में नियंत्रण और उद्देश्य की भावना पुनः प्राप्त करने का एक शक्तिशाली तरीका है। बड़े कार्यों या चुनौतियों को छोटे, अधिक प्रबंधनीय चरणों में विभाजित करके, आप गति बना सकते हैं, प्रेरित रह सकते हैं और उपलब्धि और प्रगति की भावना का अनुभव कर सकते हैं। तो, क्यों न आज ही अपने लिए कुछ छोटे लक्ष्य निर्धारित किए जाएं? चाहे वह किसी परियोजना को पूरा करना हो, कोई नया कौशल सीखना हो, या अपने स्वास्थ्य में सुधार करना हो, छोटे लक्ष्य निर्धारित करने से आपको दुःख से उबरने और आत्मविश्वास और आशावाद के साथ आगे बढ़ने में मदद मिल सकती है।

15

कुछ नया सीखना

कुछ नया सीखना दुःख पर काबू पाने और अपने मन और आत्मा को स्फूर्तिदायक बनाने का एक शक्तिशाली तरीका है।

कुछ नया सीखना क्या है?

कुछ नया सीखने में नया ज्ञान, कौशल या अनुभव प्राप्त करना शामिल है जो आपके पास पहले नहीं था। यह एक नई भाषा सीखना, कोई संगीत वाद्ययंत्र सीखना, कोई नया शौक आजमाना या कोई नया खेल अपनाना हो सकता है। कुछ नया सीखना एक मजेदार और फायदेमंद अनुभव हो सकता है जो आपके दिमाग को उत्तेजित करता है और आपके क्षितिज को व्यापक बनाता है।

कुछ नया सीखना क्यों महत्त्वपूर्ण है?

कुछ नया सीखना कई कारणों से महत्त्वपूर्ण है। सबसे पहले और सबसे महत्त्वपूर्ण, यह आपके दिमाग को सक्रिय और व्यस्त रखता है, जो संज्ञानात्मक गिरावट को रोकने और स्मृति और एकाग्रता में सुधार करने में मदद कर सकता है। इसके अतिरिक्त, कुछ नया सीखने से आपका आत्मविश्वास और आत्म-सम्मान बढ़ सकता है, क्योंकि आप नए कौशल और ज्ञान प्राप्त करते हैं। कुछ नया सीखना भी नए लोगों से मिलने और अपने सामाजिक नेटवर्क का विस्तार करने का एक शानदार

तरीका हो सकता है।

कुछ नया कैसे सीखें?

कुछ नया सीखना एक सरल और सुलभ गतिविधि है जिसका कोई भी आनंद ले सकता है। आरंभ करने में आपकी सहायता के लिए यहाँ कुछ युक्तियाँ दी गई हैं:

• कुछ ऐसा चुनें जिसमें आपकी रुचि होः कुछ ऐसा चुनकर शुरुआत करें जिसमें वास्तव में आपकी रुचि हो। चाहे वह कोई ऐसा विषय हो जिसके बारे में आप हमेशा उत्सुक रहे हों या कोई ऐसा कौशल जिसे आप हमेशा सीखना चाहते हों, कुछ नया सीखना आनंददायक और फायदेमंद होना चाहिए।

• स्पष्ट लक्ष्य निर्धारित करें: आप जो सीखना चाहते हैं उसके लिए स्पष्ट, प्राप्त करने योग्य लक्ष्य निर्धारित करें। इसे और अधिक प्रबंधनीय बनाने के लिए अपनी शिक्षा को छोटे, प्रबंधनीय चरणों में विभाजित करें।

• संसाधन खोजें: ऐसे संसाधनों की तलाश करें जो आपको सीखने में मदद कर सकें। इसमें किताबें, ऑनलाइन पाठ्यक्रम, निर्देशात्मक वीडियो या आपके समुदाय की कक्षाएँ शामिल हो सकती हैं।

• नियमित रूप से अभ्यास करें: अपनी शिक्षा को सुदृढ़ करने और अपने कौशल में सुधार करने के लिए नियमित रूप से अभ्यास करें। अपने सीखने पर ध्यान केंद्रित करने के लिए प्रत्येक दिन या सप्ताह को समर्पित समय निर्धारित करें।

• धैर्यवान और निरंतरता रखें: कुछ नया सीखना चुनौतीपूर्ण हो सकता है, इसलिए अपने आप पर धैर्य रखें और यदि आप जितनी जल्दी चाहें उतनी प्रगति नहीं कर पाते हैं तो निराश न हों। लगातार बने रहें और अभ्यास करते रहें, और आप समय के साथ सुधार देखेंगे।

अंतिम समाधान

कुछ नया सीखना दुःख से उबरने और अपने जीवन को समृद्ध बनाने का एक शानदार तरीका है। चाहे आप कोई नई भाषा सीख रहे हों, कोई संगीत वाद्ययंत्र सीख रहे हों, या कोई नया शौक आजमा रहे हों, सीखने की प्रक्रिया आपके लिए खुशी, संतुष्टि और उपलब्धि की भावना ला सकती है। तो, क्यों न आज खुद को कुछ नया सीखने की चुनौती दी जाए? अपने क्षितिज का विस्तार करने, अपने दिमाग को उत्तेजित करने और नए जुनून और रुचियों की खोज करने के अवसर का लाभ उठाएँ।

16
सूर्योदय देखना

सूर्योदय देखना एक लुभावना अनुभव है जो आपको विस्मय और आश्चर्य से भर सकता है।

सूर्योदय देखना क्या है?

सूर्योदय देखने में दिन की पहली किरण को देखना शामिल है क्योंकि सूर्य क्षितिज से ऊपर उठता है। यह एक प्राकृतिक घटना है जो नई शुरुआत, आशा और हमारे आसपास की दुनिया की सुंदरता का प्रतीक है। सूर्योदय देखना एक शांतिपूर्ण और चिंतनशील अनुभव हो सकता है जो आपको प्रकृति से जुड़ने और दुनिया की सुंदरता की सराहना करने की अनुमति देता है।

सूर्योदय देखना क्यों महत्त्वपूर्ण है?

सूर्योदय देखना कई कारणों से महत्त्वपूर्ण है। सबसे पहले और सबसे महत्त्वपूर्ण, यह हमारे चारों ओर की दुनिया की सुंदरता और आश्चर्य की याद दिलाता है। यह हमें एक नए दिन के उपहार के लिए आभारी महसूस करने में मदद कर सकता है और हमें प्रत्येक पल का अधिकतम लाभ उठाने के लिए प्रेरित कर सकता है। इसके अतिरिक्त, सूर्योदय देखना

एक ध्यानपूर्ण अनुभव हो सकता है जो हमारे दिमाग को शांत करने और आंतरिक शांति पाने में मदद करता है। यह अतीत को जाने देने और आशावाद और आशा के साथ भविष्य को अपनाने का एक प्रतीकात्मक इशारा भी हो सकता है।

सूर्योदय कैसे देखें?

सूर्योदय देखना एक सरल लेकिन गहन अनुभव है जिसका कोई भी आनंद ले सकता है। इस जादुई पल का अधिकतम लाभ उठाने में आपकी मदद के लिए यहाँ कुछ युक्तियाँ दी गई हैं:

• एक अच्छा स्थान खोजें: ऐसा स्थान चुनें जहाँ से आपको क्षितिज का स्पष्ट दृश्य दिखाई दे, जैसे कि समुद्र तट, पहाड़ी की चोटी, या खुला मैदान। एक अच्छी जगह सुरक्षित करने के लिए जल्दी पहुँचना सुनिश्चित करें।

• मौसम की जाँच करें: इष्टतम दृश्य स्थितियों के लिए साफ आसमान सुनिश्चित करने के लिए मौसम के पूर्वानुमान पर नजर रखें।

• आरामदायक बैठने की व्यवस्था बनाएँ: बैठने के लिए एक आरामदायक कुर्सी या कंबल लाएँ, क्योंकि हो सकता है कि आपको सूरज उगने का कुछ समय इंतजार करना पड़े।

• जल्दी पहुँचें: अपने चुने हुए स्थान पर जल्दी पहुँचें ताकि खुद को व्यवस्थित करने और सूर्योदय की तैयारी के लिए पर्याप्त समय मिल सके।

• उपस्थित रहें: एक बार जब सूरज उगना शुरू हो जाए, तो उपस्थित होने के लिए कुछ समय निकालें और उस क्षण की सुंदरता का पूरी तरह से अनुभव करें। अपने आप को अपने आस-पास की प्राकृतिक दुनिया से आश्चर्यचकित होने दें और सूर्योदय के दृश्यों, ध्वनियों और संवेदनाओं का आनंद लें।

अंतिम समाधान

सूर्योदय देखना दुःख से उबरने और दुनिया में शांति और सुंदरता पाने का एक सरल लेकिन गहरा तरीका है। दिन की पहली किरण को देखने के लिए समय निकालकर, आप प्रकृति से जुड़ सकते हैं, आंतरिक शांति पा सकते हैं और अपने दिन की शुरुआत आश्चर्य और कृतज्ञता की भावना के साथ कर सकते हैं। तो, सूर्योदय देखने के लिए कुछ समय क्यों न निकाला जाए? इस क्षण की सुंदरता को अपनाएँ और इसे आपको आशा, आशावाद और उद्देश्य की एक नई भावना से भरने दें।

17

आउटडोर पिकनिक प्रकृति, अच्छे भोजन और प्रियजन की संगति का आनंद लेने का एक आनंददायक तरीका है।

आउटडोर पिकनिक क्या है?

आउटडोर पिकनिक एक आरामदायक भोजन है जिसका आनंद प्राकृतिक सेटिंग में लिया जाता है, जैसे कि पार्क, समुद्र तट या ग्रामीण इलाके में। इसमें आम तौर पर भोजन, पेय और बर्तनों के साथ एक टोकरी पैक करना और खुले में भोजन का आनंद लेना शामिल है। पिकनिक सैंडविच और स्नैक्स के साथ साधारण कार्यक्रम हो सकते हैं, या स्वादिष्ट व्यंजनों और वाइन के साथ विस्तृत दावतें हो सकती हैं।

आउटडोर पिकनिक क्यों महत्त्वपूर्ण है?

आउटडोर पिकनिक कई कारणों से महत्त्वपूर्ण है। सबसे पहले और सबसे महत्त्वपूर्ण, वे हमें प्रकृति से जुड़ने और बाहर की सुंदरता का आनंद लेने की अनुमति देते हैं। पिकनिक भी आराम करने और विश्राम करने का एक शानदार तरीका हो सकता है, क्योंकि वे दैनिक जीवन की हलचल से बचने और प्रियजन के साथ कुछ गुणवत्तापूर्ण समय का आनंद लेने का अवसर प्रदान करते हैं। इसके अतिरिक्त, पिकनिक स्थायी यादें बनाने और परिवार और दोस्तों के साथ संबंधों को मजबूत करने का एक मजेदार और किफायती तरीका हो सकता है।

आउटडोर पिकनिक की योजना कैसे बनाएँ?

आउटडोर पिकनिक की योजना बनाना आसान और आनंददायक है। उत्तम पिकनिक की योजना बनाने में आपकी सहायता के लिए यहाँ कुछ चरण दिए गए हैं:

• एक स्थान चुनें: अपनी पिकनिक के लिए एक सुरम्य स्थान चुनें, जैसे पार्क, समुद्र तट, या वनस्पति उद्यान। छाया, बैठने के विकल्प और शौचालय से निकटता जैसे कारकों पर विचार करें।

• मेनू तैयार करें: ऐसे मेनू की योजना बनाएँ जो बाहर ले जाने और आनंद लेने में आसान हो। फिंगर फूड, सैंडविच, सलाद और मिठाइयाँ चुनें जिन्हें आसानी से पैक किया जा सकता है और अपने हाथों से खाया जा सकता है।

• आवश्यक वस्तुएँ पैक करें: प्लेट, बर्तन, नैपकिन, कप, एक कंबल या मेजपोश, सनस्क्रीन और सफाई के लिए एक कचरा बैग जैसी आवश्यक वस्तुओं के साथ एक पिकनिक टोकरी पैक करें।

• मनोरंजन लाएँ: भोजन के बाद आनंद लेने के लिए कुछ मनोरंजन, जैसे फ्रिस्बी, बॉल या बोर्ड गेम, साथ लाने पर विचार करें।

• पल का आनंद लें: एक बार जब आप अपने पिकनिक स्थल पर पहुँचें, तो आराम करने और उस पल का आनंद लेने के लिए समय निकालें। प्रकृति की सुंदरता की सराहना करें, स्वादिष्ट भोजन का आनंद लें और अपने प्रियजन की संगति का आनंद लें।

अंतिम समाधान

आउटडोर पिकनिक दुःख से उबरने और जीवन के साधारण सुखों का आनंद लेने का एक शानदार तरीका है। चाहे आप अकेले पिकनिक मना रहे हों, परिवार के साथ, या दोस्तों के साथ, एक सुंदर प्राकृतिक सेटिंग में खुले में भोजन करने का अनुभव आपके उत्साह को बढ़ा सकता है और आपको खुशी दे सकता है। तो, क्यों न आज पिकनिक की योजना बनाई

जाएँ? एक टोकरी पैक करें, बाहर जाएँ और प्रकृति और प्रियजन के साथ स्वादिष्ट भोजन का आनंद लें।

जाएँ? एक टोकरी पैक करें, बाहर जाएँ और प्रकृति और प्रियजन के साथ स्वादिष्ट भोजन का आनंद लें।

18

मिट्टी से खेलना एक चिकित्सीय और रचनात्मक गतिविधि है जो आपको दुःख और तनाव से उबरने में मदद कर सकती है।

मिट्टी से खेलना क्या है?

मिट्टी के साथ खेलने में अपने हाथों और सरल उपकरणों का उपयोग करके मिट्टी को विभिन्न रूपों और वस्तुओं में आकार देना और ढालना शामिल है। यह एक स्पर्शनीय और संवेदी गतिविधि है जो आरामदायक और उत्तेजक दोनों हो सकती है। मिट्टी एक बहुमुखी माध्यम है जो अनंत रचनात्मक संभावनाओं की अनुमति देता है, जिससे यह कलाकारों और शौकीन लोगों के लिए एक लोकप्रिय विकल्प बन जाता है।

मिट्टी से खेलना क्यों महत्त्वपूर्ण है?

मिट्टी से खेलना कई कारणों से महत्त्वपूर्ण है। सबसे पहले और सबसे महत्त्वपूर्ण, यह कला चिकित्सा का एक रूप है जो आपको अपनी भावनाओं को व्यक्त करने और तनाव को कम करने में मदद कर सकता है। मिट्टी के साथ काम करने का कार्य ध्यानपूर्ण और शांत करने वाला हो सकता है, जिससे आप वर्तमान क्षण पर ध्यान केंद्रित कर सकते हैं और चिंताओं और दुःखों से छुटकारा पा सकते हैं। इसके अतिरिक्त, मिट्टी के साथ खेलना आपकी रचनात्मकता और कल्पना को उजागर

करने का एक मजेदार और आनंददायक तरीका हो सकता है।

मिट्टी से कैसे खेलें?

मिट्टी से खेलना एक सरल और सुलभ गतिविधि है जिसका कोई भी आनंद ले सकता है। आरंभ करने में आपकी सहायता के लिए यहाँ कुछ चरण दिए गए हैं:

सही सामग्री प्राप्त करें: किसी शिल्प भंडार से या ऑनलाइन मिट्टी खरीदें। विभिन्न प्रकार की मिट्टी उपलब्ध हैं, जैसे हवा में सूखने वाली मिट्टी और पॉलिमर मिट्टी, इसलिए वह चुनें जो आपकी आवश्यकताओं के अनुरूप हो।

• अपना कार्यस्थल सेट करें: काम करने के लिए एक साफ, सपाट सतह ढूँढें, जैसे टेबल या काउंटरटॉप। सतह को एक सुरक्षात्मक परत, जैसे प्लास्टिक मेजपोश या अखबार से ढक दें।

• बनाना शुरू करें: मिट्टी को नरम और अधिक लचीला बनाने के लिए उसे गूँधने से शुरुआत करें। फिर, मिट्टी को अपनी इच्छानुसार किसी भी रूप या वस्तु में आकार देने और ढालने के लिए अपने हाथों और सरल उपकरणों, जैसे मूर्तिकला उपकरण या टूथपिक्स का उपयोग करें।

• अपनी रचनात्मकता को प्रवाहित होने दें: प्रयोग करने और नई चीजें आजमाने से न डरें। मिट्टी से रचना करते समय अपनी कल्पना को आपका मार्गदर्शन करने दें।

• मिट्टी को सूखने दें या बेक होने दें: आप जिस प्रकार की मिट्टी का उपयोग कर रहे हैं उसके आधार पर, आपको इसे हवा में सूखने देना होगा या सख्त होने के लिए इसे ओवन में बेक करना होगा। सर्वोत्तम परिणामों के लिए क्ले पैकेजिंग पर दिए गए निर्देशों का पालन करें।

अंतिम समाधान

मिट्टी से खेलना दुःख और तनाव से उबरने का एक उपचारात्मक और आनंददायक तरीका है। चाहे आप साधारण आकृतियाँ बना रहे हों या जटिल मूर्तियाँ, मिट्टी के साथ काम करने का कार्य आपको आराम करने, आराम करने और अपने रचनात्मक पक्ष का लाभ उठाने में मदद कर सकता है। तो कोशिश कर के देखों? कुछ मिट्टी उठाएँ, अपने हाथ गंदे करें, और अपनी कल्पना को उड़ान भरने दें। कौन जानता है कि आप कौन सी अद्भुत रचनाएँ लेकर आएँगे!

19

कृतज्ञता का अभ्यास करना दुःख से उबरने और सकारात्मक मानसिकता विकसित करने का एक शक्तिशाली तरीका है।

कृतज्ञता का अभ्यास क्या है?

कृतज्ञता का अभ्यास करने में आपके जीवन में बड़ी और छोटी दोनों तरह की अच्छी चीजों को स्वीकार करना और उनकी सराहना करना शामिल है। यह इस बात पर ध्यान केंद्रित करने के बारे में है कि आपके पास क्या कमी है, बजाय इसके कि आपके पास क्या है, और अपने आस-पास मौजूद आशीर्वाद और प्रचुरता को पहचानें। कृतज्ञता विचारों, शब्दों या कार्यों के माध्यम से व्यक्त की जा सकती है, और यह आपके मानसिक और भावनात्मक कल्याण पर गहरा प्रभाव डाल सकती है।

कृतज्ञता का अभ्यास करना क्यों महत्त्वपूर्ण है?

कृतज्ञता का अभ्यास करना कई कारणों से महत्त्वपूर्ण है। सबसे पहले और सबसे महत्त्वपूर्ण, यह आपका ध्यान नकारात्मक विचारों और भावनाओं से हटाकर सकारात्मक विचारों की ओर स्थानांतरित करने में मदद कर सकता है, जिससे दुःख और निराशा की भावनाएँ कम हो सकती हैं। कृतज्ञता जीवन के प्रति आपके समग्र दृष्टिकोण को बेहतर बना सकती है, तनाव के प्रति आपके लचीलेपन को बढ़ा सकती है और दूसरों के साथ आपके संबंधों को बेहतर बना सकती है। इसके अतिरिक्त,

कृतज्ञता का अभ्यास करने से खुशी और संतुष्टि की भावना बढ़ सकती है, क्योंकि आप जीवन के अनुभवों की समृद्धि की सराहना करना सीखते हैं।

प्रतिदिन कृतज्ञता का अभ्यास कैसे करें?

प्रतिदिन कृतज्ञता का अभ्यास करना एक सरल लेकिन शक्तिशाली अभ्यास है जिसे कोई भी अपनी दैनिक दिनचर्या में शामिल कर सकता है। अपने जीवन में कृतज्ञता विकसित करने के कुछ तरीके यहाँ दिए गए हैं:

• एक कृतज्ञता पत्रिका रखें: जिन चीजों के लिए आप आभारी हैं उन्हें लिखने के लिए हर दिन कुछ मिनट अलग रखें। यह एक खूबसूरत सूर्यास्त से लेकर किसी मित्र की ओर से दयालु भाव तक कुछ भी हो सकता है। उन्हें लिखने से आपको अपने जीवन के सकारात्मक पहलुओं पर ध्यान केंद्रित करने में मदद मिलती है।

• चेतना का अभ्यास करें: पल में मौजूद रहें और अपने आस-पास की अच्छी चीजों पर ध्यान दें। चाहे वह आपकी सुबह की चाय/कॉफी का स्वाद हो या आपकी खिड़की के बाहर पक्षियों के गाने की आवाज, चेतना आपको जीवन में छोटी-छोटी खुशियों की सराहना करने में मदद कर सकती है।

• धन्यवाद कहें: दूसरों की दयालुता, समर्थन या अपने जीवन में उपस्थिति के लिए धन्यवाद कहकर उनका आभार व्यक्त करें। एक साधारण धन्यवाद आपके रिश्तों को मजबूत बनाने और सकारात्मकता फैलाने में काफी मदद कर सकता है।

• अपने आशीर्वादों पर चिंतन करें: अपने जीवन में आशीर्वादों पर विचार करने के लिए प्रत्येक दिन कुछ क्षण निकालें। यह आपका स्वास्थ्य, आपका परिवार, आपकी नौकरी या कुछ और हो सकता है जो आपको खुशी और संतुष्टि प्रदान करता है।

• कृतज्ञता ध्यान का अभ्यास करें: कृतज्ञता की भावनाओं पर ध्यान करने के लिए कुछ समय समर्पित करें। उन लोगों, अनुभवों और चीजों

पर ध्यान केंद्रित करें जिनके लिए आप आभारी हैं, और अपने आप को इन सकारात्मक भावनाओं की गर्माहट का आनंद लेने दें।

अंतिम समाधान

प्रतिदिन कृतज्ञता का अभ्यास करना एक सरल लेकिन परिवर्तनकारी अभ्यास है जो आपको दुःख से उबरने और अपने जीवन में खुशी और पूर्णता पाने में मदद कर सकता है। अपने आस-पास मौजूद आशीर्वादों और प्रचुरता पर ध्यान केंद्रित करके, आप अपने दृष्टिकोण को अभाव से प्रचुरता की ओर स्थानांतरित कर सकते हैं। तो, क्यों न आज से ही कृतज्ञता का अभ्यास शुरू किया जाए? इन सरल अभ्यासों को अपनी दैनिक दिनचर्या में शामिल करें और देखें कि जीवन के प्रति आपका दृष्टिकोण अधिक सकारात्मक और आशापूर्ण हो गया है।

20

गुफाओं की खोज

गुफाओं की खोज, जिसे स्पेलुनकिंग या पोथोलिंग के रूप में भी जाना जाता है, एक रोमांचक साहसिक गतिविधि है जिसमें प्राकृतिक गुफा प्रणालियों की खोज शामिल है।

गुफाओं की खोज क्या है?

गुफाओं की खोज गुफाओं, भूमिगत सुरंगों और मार्गों की खोज की गतिविधि है। इसमें तंग जगहों से होकर गुजरना, चट्टानों पर चढ़ना और कभी-कभी पानी के बीच से गुजरना शामिल है। कैविंग आश्चर्यजनक चट्टान संरचनाओं से लेकर भूमिगत नदियों और झरनों तक, पृथ्वी के छिपे हुए आश्चर्यों की खोज करने का एक अनूठा अवसर प्रदान करता है।

गुफाओं की खोज क्यों महत्त्वपूर्ण है?

गुफाओं की खोज कई कारणों से महत्त्वपूर्ण है। सबसे पहले और सबसे महत्त्वपूर्ण, यह हमें प्रकृति के साथ गहन और विस्मयकारी तरीके से जुड़ने की अनुमति देता है। गुफाओं की खोज करना एक रोमांचकारी और साहसिक अनुभव भी हो सकता है जो हमें शारीरिक और मानसिक

रूप से चुनौती देता है। इसके अतिरिक्त, जब हम अँधेरे और अपरिचित वातावरण से गुजरते हैं तो कैविंग हमें डर पर काबू पाने और आत्मविश्वास बनाने में मदद कर सकती है।

गुफाओं की खोज की तैयारी कैसे करें?

सुरक्षित और आनंददायक अनुभव सुनिश्चित करने के लिए गुफाओं की खोज की तैयारी आवश्यक है। तैयारी में आपकी सहायता के लिए यहाँ कुछ चरण दिए गए हैं:

• अनुसंधानः आप जिस गुफा का पता लगाने की योजना बना रहे हैं, उसके लेआउट, कठिनाई स्तर और किसी भी संभावित खतरे के बारे में जानें। इससे आपको साहसिक कार्य के लिए मानसिक और शारीरिक रूप से तैयार होने में मदद मिलेगी।

• सही गियर प्राप्त करें: हेलमेट, हेडलैंप, मजबूत जूते और सुरक्षात्मक कपड़ों सहित उचित कैविंग गियर में निवेश करें। यदि आप कैविंग में नए हैं तो गियर किराए पर लेने या उधार लेने पर विचार करें।

• बुनियादी कौशल सीखें: खुद को बुनियादी कैविंग तकनीकों से परिचित कराएँ, जैसे कि खड़े मार्गों को नेविगेट करने के लिए रस्सी या सीढ़ी का उपयोग करना, और तंग जगहों से सुरक्षित रूप से कैसे गुजरना है।

• गाइड के साथ जाएं: यदि आप कैविंग में नए हैं, तो किसी अनुभवी गाइड के साथ जाने या कैविंग क्लब में शामिल होने पर विचार करें। वे मार्गदर्शन प्रदान कर सकते हैं और पूरे अन्वेषण के दौरान आपकी सुरक्षा सुनिश्चित कर सकते हैं।

• पर्यावरण का सम्मान करें: याद रखें कि कोई निशान न छोड़ें और गुफा के नाजुक पारिस्थितिकी तंत्र का सम्मान करें। संरचनाओं को छूने या वन्य जीवन को परेशान करने से बचें, और जिम्मेदार ढंग से गुफा बनाने के सिद्धांतों का पालन करें।

अंतिम समाधान

गुफाओं की खोज दुःख से उबरने और प्राकृतिक दुनिया से जुड़ने का एक अनोखा और उत्साहवर्धक तरीका प्रदान करती है। पृथ्वी की गहराई में जाकर, आप विस्मय और आश्चर्य की भावना की खोज कर सकते हैं जो आपको परिप्रेक्ष्य प्राप्त करने और शांति पाने में मदद कर सकता है। तो, क्यों न गुफाओं की खोज का साहसिक कार्य शुरू किया जाए? गुफाओं की छिपी सुंदरता का पता लगाएँ, शारीरिक और मानसिक रूप से खुद को चुनौती दें, और गुफाओं की खोज के चिकित्सीय चमत्कारों में खुद को डुबो दें।

21

झरना देखना

झरने को देखना एक मंत्रमुग्ध कर देने वाला अनुभव है जो आत्मा को शांति दे सकता है और आत्मा को फिर से जीवंत कर सकता है।

झरना देखना क्या है?

झरने को देखना किसी ऊँची जगह से गिरते हुए पानी के प्रवाह को देखने का कार्य है। झरने का आकार छोटी, धीमी धाराओं से लेकर विशाल, गरजते झरनों तक हो सकता है। वे पूरी दुनिया में प्रकृति में पाए जाते हैं और अक्सर हरे-भरे वनस्पति और लुभावने दृश्यों से घिरे होते हैं।

झरना देखना क्यों महत्त्वपूर्ण है?

झरना देखना कई कारणों से महत्त्वपूर्ण है। सबसे पहले और सबसे महत्त्वपूर्ण, यह प्रकृति की शक्ति और सुंदरता की याद दिलाता है। झरने विस्मय और आश्चर्य को प्रेरित कर सकते हैं, जिससे हमें दुनिया को एक नई रोशनी में देखने में मदद मिलती है। इसके अतिरिक्त, झरने को देखना एक ध्यानपूर्ण अनुभव हो सकता है जो मन को शांत करता है और तनाव को कम करता है। बहते पानी का दृश्य और ध्वनि हमारी भावनाओं पर सुखद प्रभाव डाल सकती है, जिससे हमें दुःख के बीच

शांति और शांति पाने में मदद मिलती है।

झरना कैसे देखें?

झरने को देखना एक सरल लेकिन गहन अनुभव है जिसका कोई भी आनंद ले सकता है। झरने के अनुभव का अधिकतम लाभ उठाने में मदद के लिए यहाँ कुछ चरण दिए गए हैं:

• एक झरना खोजें: अपने क्षेत्र में झरनों पर शोध करें या किसी ऐसे स्थान की यात्रा करें जो अपने खूबसूरत झरनों के लिए जाना जाता हो। राष्ट्रीय उद्यान, प्रकृति भंडार और लंबी पैदल यात्रा ट्रेल्स शुरू करने के लिए बेहतरीन स्थान हैं।

• यात्रा का आनंद लें: झरने तक पहुँचने में अपना समय लें, गंतव्य के साथ-साथ यात्रा का भी आनंद लें। प्रकृति की आवाज सुनें, ताजी हवा में साँस लें और अपने आस-पास के दृश्यों का आनंद लें।

• ध्यानपूर्वक निरीक्षण करें: एक बार जब आप झरने पर पहुँचें, तो उसे ध्यानपूर्वक देखने के लिए कुछ समय निकालें। ध्यान दें कि पानी कैसे बहता है, चट्टानों से गिरते समय क्या ध्वनि निकलती है, और आसपास के दृश्य क्या हैं।

• चिंतन और मनन करें: झरने के पास चुपचाप बैठें और अपने विचारों और भावनाओं पर विचार करने के लिए कुछ समय निकालें। झरने के दृश्यों और ध्वनियों को अपने ऊपर हावी होने दें, जिससे आपको शांति और सहजता का एहसास होगा।

• पल को कैद करें: पल की सुंदरता को कैद करने और स्थायी यादें बनाने के लिए झरने की तस्वीरें या वीडियो लेने पर विचार करें।

अंतिम समाधान

झरना देखना दुःख से उबरने और प्रकृति में शांति पाने का एक सरल लेकिन गहरा तरीका है। झरने की सुंदरता और शक्ति को देखने के लिए समय निकालकर, आप प्राकृतिक दुनिया से जुड़ सकते हैं और जीवन

पर एक नया दृष्टिकोण प्राप्त कर सकते हैं। तो, क्यों न अपनी दैनिक दिनचर्या से छुट्टी लेकर झरने को देखने में कुछ समय बिताया जाए? अपने आप को प्रकृति के दृश्यों और ध्वनियों में डुबो दें, और झरने की सुंदरता को अपने दुःखों को दूर करने दें।

22

आध्यात्मिक मार्गदर्शन प्राप्त करना

दुःख के समय में सांत्वना और अर्थ खोजने के लिए आध्यात्मिक मार्गदर्शन प्राप्त करना एक गहरा तरीका हो सकता है।

आध्यात्मिक मार्गदर्शन क्या है?

आध्यात्मिक मार्गदर्शन किसी आध्यात्मिक नेता, जैसे पुजारी, पादरी, रब्बी, या आध्यात्मिक परामर्शदाता से समर्थन और सलाह लेने की प्रक्रिया है। इसमें आपके जीवन में स्पष्टता, आराम और दिशा खोजने के लिए आपके विश्वासों, मूल्यों और विश्वास की खोज करना शामिल है। आध्यात्मिक मार्गदर्शन कई रूप ले सकता है, जिसमें प्रार्थना, ध्यान, परामर्श या धार्मिक सेवाओं में भाग लेना शामिल है।

आध्यात्मिक मार्गदर्शन क्यों महत्त्वपूर्ण है?

आध्यात्मिक मार्गदर्शन कई कारणों से महत्त्वपूर्ण है। सबसे पहले और सबसे महत्त्वपूर्ण, यह आपको दुःख के समय में उद्देश्य और अर्थ की भावना प्रदान कर सकता है। अपनी आध्यात्मिक मान्यताओं से जुड़कर, आप इस विश्वास में आराम पा सकते हैं कि कठिन समय में कोई उच्च शक्ति या उद्देश्य आपका मार्गदर्शन कर रहा है। इसके अतिरिक्त, आध्यात्मिक मार्गदर्शन आपको समुदाय और समर्थन की भावना प्रदान कर सकता है, क्योंकि आप उन लोगों से जुड़ते हैं जो आपकी मान्यताओं और मूल्यों को साझा करते हैं।

आध्यात्मिक मार्गदर्शन कैसे प्राप्त करें?

आध्यात्मिक मार्गदर्शन प्राप्त करना एक व्यक्तिगत यात्रा है जो कई रूप ले सकती है। दुःख के समय में आध्यात्मिक मार्गदर्शन प्राप्त करने में आपकी सहायता के लिए यहाँ कुछ कदम दिए गए हैं:

• अपने विश्वासों पर चिंतन करें: अपने आध्यात्मिक विश्वासों और मूल्यों पर चिंतन करने के लिए कुछ समय निकालें। विचार करें कि दुःख के समय में ये मान्यताएँ आपको कैसे आराम और मार्गदर्शन प्रदान कर सकती हैं।

• आध्यात्मिक नेता की तलाश करें: अपने समुदाय में किसी आध्यात्मिक नेता, जैसे पुजारी, पादरी, रब्बी या आध्यात्मिक परामर्शदाता तक पहुँचें। अपनी भावनाओं पर चर्चा करने और उनका मार्गदर्शन लेने के लिए एक बैठक निर्धारित करें।

• धार्मिक सेवाओं में भाग लें: अपने आध्यात्मिक समुदाय से जुड़ने और अपने विश्वास से शक्ति प्राप्त करने के लिए नियमित रूप से धार्मिक सेवाओं में भाग लें।

• प्रार्थना या ध्यान का अभ्यास करें: अपनी आध्यात्मिक मान्यताओं से जुड़ने और शांति और सांत्वना पाने के लिए नियमित प्रार्थना या ध्यान अभ्यास में संलग्न रहें।

• आध्यात्मिक पाठ पढ़ें: आध्यात्मिक पाठ पढ़ें जो आपके लिए सार्थक हों और उनकी शिक्षाओं और संदेशों पर विचार करें।

अंतिम समाधान

आध्यात्मिक मार्गदर्शन प्राप्त करना दुःख पर काबू पाने और आंतरिक शांति पाने का एक शक्तिशाली तरीका हो सकता है। अपनी आध्यात्मिक मान्यताओं और मूल्यों से जुड़कर, आप कठिन समय में आराम, स्पष्टता और दिशा पा सकते हैं। तो, आज आध्यात्मिक मार्गदर्शन प्राप्त करने के लिए समय क्यों न निकालें? किसी आध्यात्मिक नेता के पास पहुँचें, प्रार्थना या ध्यान में संलग्न हों और अपने आध्यात्मिक समुदाय से जुड़ें। अपने आध्यात्मिक विश्वासों को दुःख के माध्यम से आपका मार्गदर्शन करने दें और आपको अधिक शांतिपूर्ण और सार्थक जीवन की ओर ले जाने दें।

23

शौक में व्यस्त रहना

शौक में शामिल होना दुःख से उबरने और जीवन में खुशी और संतुष्टि पाने का एक शानदार तरीका है।

शौक क्या हैं?

शौक वे गतिविधियाँ हैं जिन्हें आप अपने खाली समय में करने में आनंद लेते हैं। वे रचनात्मक हो सकते हैं, जैसे पेंटिंग या बुनाई, लंबी पैदल यात्रा, नृत्य, आराम करना, पढ़ना या बागवानी। शौक आपकी रुचियों का पता लगाने, अपनी रचनात्मकता को व्यक्त करने, आराम करने और विश्राम करने का एक तरीका है।

शौक क्यों महत्त्वपूर्ण हैं?

शौक कई कारणों से महत्त्वपूर्ण हैं। सबसे पहले और सबसे महत्त्वपूर्ण, वे दैनिक जीवन के तनावों और दबावों से बचने का एक रास्ता प्रदान करते हैं। किसी शौक में शामिल होने से आपको आराम करने और आराम करने में मदद मिल सकती है, जिससे तनाव और चिंता की भावनाएँ कम हो सकती हैं। इसके अतिरिक्त, शौक खुशी और संतुष्टि का स्रोत हो सकते हैं, जिससे आप अपनी रुचियों और जुनून का पता लगा सकते हैं।

शौक में कैसे व्यस्त रहें?

शौक में शामिल होना आसान और आनंददायक है। आरंभ करने में आपकी सहायता के लिए यहाँ कुछ चरण दिए गए हैं:

• अपनी रुचियों का अन्वेषण करें: उन गतिविधियों के बारे में सोचें जिनका आप आनंद लेते हैं या जिन्हें आप हमेशा आजमाना चाहते हैं। अपनी रुचियों, जुनून और प्रतिभा पर विचार करें और एक ऐसा शौक चुनें जो आपको पसंद आए।

• छोटी शुरुआत करें: यदि आप शौक में नए हैं, तो छोटी शुरुआत करें और ऐसी गतिविधि चुनें जिसे शुरू करना आसान हो। उदाहरण के लिए, यदि आप पेंटिंग में रुचि रखते हैं, तो एक साधारण पेंटिंग प्रोजेक्ट से शुरुआत करें।

• समय अलग रखें: अपने शौक को पूरा करने के लिए अपने शेड्यूल में नियमित समय अलग रखें। यह आपके शेड्यूल और उपलब्धता के आधार पर प्रत्येक दिन कुछ मिनट या प्रत्येक सप्ताह कुछ घंटे हो सकता है।

• सही सामग्री प्राप्त करें: अपने शौक के लिए सही सामग्री और उपकरण में निवेश करें। इसमें पेंटिंग के लिए पेंट और ब्रश, बागवानी के लिए बीज और बागवानी उपकरण, या बुनाई के लिए सूत और सुई शामिल हो सकते हैं।

• प्रक्रिया का आनंद लें: याद रखें कि किसी शौक में शामिल होने का लक्ष्य प्रक्रिया का आनंद लेना है, न कि केवल अंतिम परिणाम का। अपने आप को पूरी तरह से उपस्थित होने और अपने शौक में डूबे रहने की अनुमति दें, और परिपूर्ण होने के बारे में चिंता न करें।

अंतिम समाधान

शौक में शामिल होना दुःख से उबरने और जीवन में खुशी और संतुष्टि पाने का एक सरल लेकिन शक्तिशाली तरीका है। अपनी रुचियों की खोज करके, अपनी रचनात्मकता को व्यक्त करके और अपने लिए समय निकालकर, आप जीवन की चुनौतियों के बीच शांति और खुशी पा सकते हैं। तो, क्यों न आज ही कोई शौक शुरू किया जाए? चाहे वह पेंटिंग

हो, बागवानी हो, नृत्य हो, या कोई अन्य गतिविधि जो आपको खुशी देती हो, अपने लिए समय निकालें और उन कई लाभों का आनंद लें जो शौक ला सकते हैं।

हो, बागवानी हो, नृत्य हो, या कोई अन्य गतिविधि जो आपको खुशी देती हो, अपने लिए समय निकालें और उन कई लाभों का आनंद लें जो शौक ला सकते हैं।

24

भावनाओं को खुलकर व्यक्त करना

भावनाओं को खुलकर व्यक्त करना दुःख से उबरने और भावनात्मक खुशहाली को बढ़ावा देने का एक सशक्त तरीका है।

भावनाओं को खुलकर व्यक्त करना क्या है?

भावनाओं को खुलकर व्यक्त करने में स्वस्थ और रचनात्मक तरीके से अपनी भावनाओं को स्वीकार करना और दूसरों के साथ साझा करना शामिल है। इसका अर्थ है स्वयं को बिना किसी निर्णय या दमन के दुःख, क्रोध, खुशी और भय सहित भावनाओं की एक श्रृंखला को महसूस करने और व्यक्त करने की अनुमति देना।

भावनाओं को खुलकर व्यक्त करना क्यों महत्त्वपूर्ण है?

भावनाओं को खुलकर व्यक्त करना कई कारणों से महत्त्वपूर्ण है। सबसे पहले और सबसे महत्त्वपूर्ण, यह आपको दबी हुई भावनाओं को संसाधित करने और मुक्त करने की अनुमति देता है, उन्हें बढ़ने और तनाव और चिंता पैदा करने से रोकता है। इसके अतिरिक्त, भावनाओं को व्यक्त

करने से आपको दूसरों के साथ गहरे स्तर पर जुड़ने में मदद मिल सकती है, जिससे आपके रिश्तों में सहानुभूति और समझ को बढ़ावा मिलता है। अंत में, भावनाओं को खुले तौर पर व्यक्त करने से अधिक आत्म-जागरूकता और व्यक्तिगत विकास हो सकता है, क्योंकि आप अपनी भावनाओं को अधिक प्रभावी ढंग से समझना और प्रबंधित करना सीखते हैं।

भावनाओं को खुलकर कैसे व्यक्त करें?

भावनाओं को खुलकर व्यक्त करना चुनौतीपूर्ण हो सकता है, खासकर यदि आप इसके अभ्यस्त नहीं हैं। अपनी भावनाओं को स्वस्थ और रचनात्मक तरीके से व्यक्त करने में आपकी मदद के लिए यहाँ कुछ युक्तियाँ दी गई हैं:

• अपनी भावनाओं को पहचानें: अपनी भावनाओं को पहचानने और लेबल करने के लिए कुछ समय लें। इससे आपको यह समझने में मदद मिल सकती है कि आप क्या महसूस कर रहे हैं और क्यों।

• एक सुरक्षित स्थान ढूँढें: एक सुरक्षित और निजी स्थान ढूँढें जहाँ आप निर्णय या रुकावट के डर के बिना अपनी भावनाओं को व्यक्त कर सकें।

• "मैं" कथनों का उपयोग करें: अपनी भावनाओं को व्यक्त करते समय, अपनी भावनाओं पर स्वामित्व लेने के लिए "मैं" कथनों का उपयोग करें। उदाहरण के लिए, "आप मुझे दुःखी करते हैं" के बजाय "मुझे दुःख होता है" कहें।

• सक्रिय रूप से सुनने का अभ्यास करें: यदि आप अपनी भावनाओं को किसी और के सामने व्यक्त कर रहे हैं, तो यह दिखाने के लिए सक्रिय रूप से सुनने का अभ्यास करें कि आप उनकी भावनाओं और परिप्रेक्ष्य को महत्त्व देते हैं।

• सहायता लें: यदि आप अपनी भावनाओं को व्यक्त करने में संघर्ष कर रहे हैं, तो किसी चिकित्सक, परामर्शदाता, या विश्वसनीय मित्र या परिवार के सदस्य से सहायता माँगने पर विचार करें।

अंतिम समाधान

भावनाओं को खुलकर व्यक्त करना दुःख से उबरने और भावनात्मक खुशहाली को बढ़ावा देने का एक सशक्त तरीका है। अपनी भावनाओं को स्वीकार करने और दूसरों के साथ साझा करने से, आप दबी हुई भावनाओं को दूर कर सकते हैं, दूसरों के साथ गहरे स्तर पर जुड़ सकते हैं और अधिक आत्म-जागरूकता और व्यक्तिगत विकास प्राप्त कर सकते हैं। तो, क्यों न आज से ही अपनी भावनाओं को खुलकर व्यक्त करना शुरू कर दिया जाए? अपने आप को बिना आलोचना या दमन के अपनी भावनाओं को महसूस करने और व्यक्त करने की अनुमति दें, और भावनात्मक ईमानदारी के साथ आने वाली स्वतंत्रता और शांति का अनुभव करें।

25

वर्तमान पर केंद्रित रहना

वर्तमान पर केंद्रित रहना दुःख से उबरने और जीवन में शांति और संतुष्टि पाने का एक शक्तिशाली तरीका है।

वर्तमान पर केंद्रित रहना क्या है?

वर्तमान पर केंद्रित रहने का अर्थ है अतीत पर ध्यान दिए बिना या भविष्य की चिंता किए बिना, वर्तमान क्षण में पूरी तरह से व्यस्त रहना। इसमें आपके विचारों, भावनाओं और परिवेश के प्रति जागरूक होना और प्रत्येक क्षण को सचेतनता और कृतज्ञता के साथ स्वीकार करना शामिल है।

वर्तमान पर केंद्रित रहना क्यों महत्त्वपूर्ण है?

वर्तमान पर केंद्रित रहना कई कारणों से महत्त्वपूर्ण है। सबसे पहले और सबसे महत्त्वपूर्ण बात, यह आपको अतीत के पछतावे या भविष्य की चिंताओं के बोझ तले दबे बिना, जीवन को पूरी तरह से अनुभव करने की अनुमति देता है। इसके अतिरिक्त, वर्तमान पर केंद्रित रहने से तनाव

और चिंता कम हो सकती है, आपका ध्यान और एकाग्रता बेहतर हो सकती है और दूसरों के साथ आपके रिश्ते बेहतर हो सकते हैं। अंततः, वर्तमान पर केंद्रित रहने से जीवन में शांति, संतुष्टि और पूर्णता की भावना बढ़ सकती है।

वर्तमान पर केंद्रित कैसे रहें?

वर्तमान पर केंद्रित रहना एक कौशल है जिसे अभ्यास के साथ विकसित किया जा सकता है। आपके दैनिक जीवन में वर्तमान पर केंद्रित रहने में मदद के लिए यहाँ कुछ युक्तियाँ दी गई हैं:

• चेतना का अभ्यास करें: चेतना आपके विचारों, भावनाओं और संवेदनाओं के प्रति पूरी तरह से उपस्थित और जागरूक होने का अभ्यास है। आप ध्यान, योग के माध्यम से या बस अपनी साँस और अपने शरीर में संवेदनाओं पर ध्यान देकर माइंडफुलनेस का अभ्यास कर सकते हैं।

• विकर्षणों को सीमित करें: अपने वातावरण में विकर्षणों को कम करें, जैसे इलेक्ट्रॉनिक उपकरण या शोर, जो आपको वर्तमान क्षण से दूर खींच सकते हैं।

• अपनी इंद्रियों को व्यस्त रखें: वर्तमान क्षण में खुद को स्थापित करने के लिए अपनी इंद्रियों का उपयोग करें। अपने आस-पास के दृश्यों, ध्वनियों, गंधों, स्वादों और बनावटों पर ध्यान दें।

• अपनी साँस पर ध्यान दें: आपकी साँस हमेशा आपके साथ है और वर्तमान क्षण के लिए एक शक्तिशाली लंगर के रूप में काम कर सकती है। गहरी साँसें लें और साँस लेने और छोड़ने की अनुभूति पर ध्यान केंद्रित करें।

• कृतज्ञता का अभ्यास करें: जिन चीजों के लिए आप आभारी हैं, उन पर विचार करने के लिए हर दिन समय निकालें। इससे आपको अपने जीवन के सकारात्मक पहलुओं पर ध्यान केंद्रित रखने और वर्तमान क्षण के लिए सराहना की भावना विकसित करने में मदद मिल सकती है।

अंतिम समाधान

वर्तमान पर केंद्रित रहना दुःख से उबरने और जीवन में शांति और संतुष्टि पाने का एक शक्तिशाली तरीका है। प्रत्येक क्षण को चेतना और कृतज्ञता के साथ स्वीकार करके, आप जीवन को अधिक पूर्ण और गहराई से अनुभव कर सकते हैं। तो, क्यों न आज ही वर्तमान पर केंद्रित जीवन का अभ्यास शुरू किया जाए? पूरी तरह उपस्थित होने के लिए हर दिन समय निकालें और देखें कि आपका जीवन अधिक आनंदमय, संतुष्टिदायक और सार्थक कैसे बनता है।

26

सोशल मीडिया सीमित करना

दुःख पर काबू पाने और अपने मानसिक स्वास्थ्य को बेहतर बनाने के लिए सोशल मीडिया का उपयोग सीमित करना एक लाभकारी कदम हो सकता है।

सोशल मीडिया का उपयोग क्या है?

सोशल मीडिया का उपयोग फेसबुक, इंस्टाग्राम, एक्स, व्हाट्सएप और स्नैपचैट जैसे सोशल नेटवर्किंग प्लेटफॉर्म पर बिताए गए समय को संदर्भित करता है। हालाँकि सोशल मीडिया जुड़े रहने और सूचित रहने के लिए एक मूल्यवान उपकरण हो सकता है, लेकिन इसके अत्यधिक उपयोग से मानसिक स्वास्थ्य पर नकारात्मक प्रभाव पड़ सकता है।

सोशल मीडिया का उपयोग सीमित करना क्यों महत्वपूर्ण है?

सोशल मीडिया का उपयोग सीमित करना कई कारणों से महत्वपूर्ण है। सबसे पहले और सबसे महत्त्वपूर्ण, सोशल मीडिया का अत्यधिक

उपयोग अकेलेपन, अवसाद और चिंता की भावनाओं से जुड़ा हुआ है। यह अक्सर तुलना प्रभाव के कारण होता है, जहाँ उपयोगकर्ता अपने जीवन की तुलना सोशल मीडिया पर दिखाए गए दूसरों के आदर्श जीवन से करते हैं। इसके अतिरिक्त, सोशल मीडिया एक समय लेने वाली गतिविधि हो सकती है जो वास्तविक जीवन की बातचीत और वास्तविक आनंद और संतुष्टि लाने वाली गतिविधियों से ध्यान भटकाती है।

सोशल मीडिया का उपयोग कैसे सीमित करें?

सोशल मीडिया के उपयोग को सीमित करना चुनौतीपूर्ण हो सकता है, लेकिन कुछ सरल रणनीतियों से यह संभव है। आपके सोशल मीडिया के उपयोग को कम करने में मदद के लिए यहाँ कुछ सुझाव दिए गए हैं:

• समय सीमा निर्धारित करें: प्रत्येक दिन एक विशिष्ट समय निर्धारित करें जिसे आप सोशल मीडिया पर खर्च करने की अनुमति देंगे। ऐसे ऐप्स या सुविधाओं का उपयोग करें जो आपके उपयोग को ट्रैक करते हैं और आपकी सीमा तक पहुँचने पर आपको सचेत करते हैं।

• सोशल मीडिया के लिए समय निर्धारित करें: जब भी आपके पास खाली समय हो तो सोशल मीडिया पर बिना सोचे-समझे स्क्रॉल करने के बजाय, अपने अकाउंट्स की जाँच करने के लिए दिन के दौरान विशिष्ट समय निर्धारित करें। इससे आपको सोशल मीडिया के उपयोग का जानबूझकर अधिक उपयोग होने के बारे में जानकारी मिल सकती है।

• अनफॉलो या म्यूट करें: यदि कुछ अकाउंट या पोस्ट नकारात्मक भावनाओं को ट्रिगर करते हैं, तो उन सामग्री के संपर्क को कम करने के लिए उन्हें अनफॉलो या म्यूट करें जो आपको अपने बारे में बुरा महसूस कराती है।

• सोशल मीडिया समय बदलें: जो समय आप आमतौर पर सोशल मीडिया पर बिताते हैं, उसे भरने के लिए वैकल्पिक गतिविधियाँ खोजें। इसमें पढ़ना, व्यायाम करना, बाहर समय बिताना या कोई शौक पूरा

करना शामिल हो सकता है।

• चेतना का अभ्यास करें: अपने सोशल मीडिया के उपयोग के प्रति सचेत रहें और यह आपके मूड और सेहत को कैसे प्रभावित करता है। जब आप अभिभूत या चिंतित महसूस करने लगें तो ब्रेक लें।

अंतिम समाधान

सोशल मीडिया का उपयोग सीमित करना दुःख से उबरने और अपनी मानसिक भलाई में सुधार करने का एक सरल लेकिन शक्तिशाली तरीका है। नकारात्मक सामग्री के संपर्क को कम करके और वास्तविक जीवन की बातचीत और गतिविधियों पर ध्यान केंद्रित करके, आप जीवन में अधिक आनंद और संतुष्टि पा सकते हैं। तो, क्यों न आज से ही अपने सोशल मीडिया के उपयोग को सीमित करना शुरू कर दिया जाए? सीमाएँ निर्धारित करें, चेतना का अभ्यास करें और उन गतिविधियों को प्राथमिकता दें जो आपको वास्तविक खुशी और जुड़ाव प्रदान करें।

27
नदी देखना

नदी के प्रवाह को देखना एक शांत और उपचारात्मक अनुभव हो सकता है जो आपको दुःख से उबरने और शांति और सुकून पाने में मदद कर सकता है।

नदी देखना क्या है?

किसी नदी को देखने में पानी के बहाव को देखना शामिल होता है क्योंकि वह नीचे की ओर बढ़ता है। नदियाँ आकार और गति में भिन्न हो सकती हैं, कोमल धाराओं से लेकर शक्तिशाली रैपिड्स तक। नदी को देखना एक शांतिपूर्ण और ध्यानपूर्ण अनुभव हो सकता है, जिससे आप प्राकृतिक दुनिया से जुड़ सकते हैं और पानी की लयबद्ध गति में सांत्वना पा सकते हैं।

नदी पर देखना क्यों महत्त्वपूर्ण है?

नदी को देखना कई कारणों से महत्त्वपूर्ण है। सबसे पहले और सबसे महत्त्वपूर्ण, यह आपको तनाव और चिंता की भावनाओं को कम करके आराम और आराम करने में मदद कर सकता है। पानी की हल्की हलचल आपके मन और शरीर पर सुखद प्रभाव डाल सकती है, जिससे

आपको अधिक शांत और केंद्रित महसूस करने में मदद मिलेगी। इसके अतिरिक्त, नदी को देखना एक परिप्रेक्ष्य की भावना प्रदान कर सकता है, जो आपको जीवन के प्राकृतिक चक्रों और प्रवाह के साथ चलने के महत्व की याद दिलाता है।

किसी नदी को कैसे देखें?

नदी को देखना एक सरल लेकिन गहन अनुभव है जिसका कोई भी आनंद ले सकता है। आपके नदी-दर्शन अनुभव का अधिकतम लाभ उठाने में मदद के लिए यहाँ कुछ कदम दिए गए हैं:

• नदी खोजें: अपने क्षेत्र की नदियों पर शोध करें या किसी ऐसे स्थान की यात्रा करें जो अपनी खूबसूरत नदियों के लिए जाना जाता हो। नदी के किनारे के पार्क, प्रकृति भंडार, या लंबी पैदल यात्रा ट्रेल्स की तलाश करें जहाँ आप आसानी से नदी तक पहुँच सकें।

• बैठें और निरीक्षण करें: नदी के किनारे एक आरामदायक जगह ढूँढें जहाँ आप बैठ सकते हैं और पानी का निरीक्षण कर सकते हैं। बस उपस्थित रहने और अपने आस-पास के दृश्यों और ध्वनियों का आनंद लेने के लिए कुछ क्षण निकालें।

• ध्वनियाँ सुनें: अपनी आँखें बंद करें और नदी की आवाजें सुनें। पानी की हल्की लहर, पत्तों की सरसराहट और पक्षियों के गाने पर ध्यान दें।

• हलचल पर नजर रखें: पानी की गति पर नजर रखें क्योंकि यह नीचे की ओर बहता है। ध्यान दें कि यह चट्टानों के चारों ओर कैसे घूमता है और पानी की सतह पर लहरें और भँवर बनाता है।

• चिंतन और मनन करें: नदी को देखते समय अपने विचारों और भावनाओं पर चिंतन करने में कुछ समय व्यतीत करें। नदी के दृश्यों और ध्वनियों को अपने ऊपर हावी होने दें, जिससे आपको शांति और सहजता का एहसास हो।

अंतिम समाधान

नदी को देखना दुःख से उबरने और प्रकृति में शांति और सहजता पाने का एक सरल लेकिन शक्तिशाली तरीका है। पानी की सुंदरता और हलचल को देखने के लिए समय निकालकर, आप प्राकृतिक दुनिया से जुड़ सकते हैं और परिप्रेक्ष्य और शांति की भावना प्राप्त कर सकते हैं। तो, क्यों न अपनी दैनिक दिनचर्या से छुट्टी लेकर कुछ समय किसी नदी को देखने में बिताया जाए? अपने आप को प्रकृति के दृश्यों और ध्वनियों में डुबो दें, और पानी के कोमल प्रवाह को अपने दुःखों को दूर करने दें।

28

बबल बाथ लेना

बबल बाथ लेना आराम करने और शांति पाने का एक सरल लेकिन शानदार तरीका है, जो शारीरिक और मानसिक दोनों लाभ प्रदान करता है।

बबल बाथ लेना क्या है?

बबल बाथ लेने में बाथटब को गर्म पानी से भरना और झागदार, बबली बाथ बनाने के लिए बबल बाथ साबुन मिलाना शामिल है। बुलबुला स्नान का आनंद अक्सर उनके आरामदायक और चिकित्सीय प्रभावों के लिए लिया जाता है, जो शांति और आराम की भावना प्रदान करता है।

बबल बाथ लेना क्यों महत्त्वपूर्ण है?

बबल बाथ लेना कई कारणों से महत्त्वपूर्ण है। सबसे पहले और सबसे महत्त्वपूर्ण, यह आपको लंबे दिन के बाद आराम करने में मदद कर सकता है, तनाव और तनाव की भावनाओं को कम कर सकता है। गर्म पानी और सुखदायक बुलबुले आपकी मांसपेशियों को आराम देने और दर्द को कम करने में मदद कर सकते हैं, जिससे शारीरिक आराम को बढ़ावा मिलता है। इसके अतिरिक्त, बबल बाथ लेना आत्म-देखभाल का

एक रूप हो सकता है, जिससे आप अपने लिए समय निकाल सकते हैं और अपनी मानसिक और भावनात्मक भलाई का पोषण कर सकते हैं।

बबल बाथ कैसे लें?

• बबल बाथ लेना आसान और आनंददायक है। सर्वोत्तम बुलबुला स्नान अनुभव बनाने में आपकी सहायता के लिए यहाँ कुछ चरण दिए गए हैं:

• अपना स्नानघर तैयार करें: अपने बाथटब को गर्म पानी से भरें, सुनिश्चित करें कि यह आरामदायक तापमान पर हो। झागदार स्नान बनाने के लिए बहते पानी में बुलबुला स्नान साबुन मिलाएँ।

• मूड सेट करें: अपने बाथरूम में रोशनी कम करके, मोमबत्तियाँ जलाकर और हल्का संगीत बजाकर एक आरामदायक माहौल बनाएँ। आराम प्रभाव को बढ़ाने के लिए स्नान नमक या आवश्यक तेल जोड़ने पर विचार करें।

• आराम करें और तनाव मुक्त हो जाएः एक बार जब आपका स्नान पैक तैयार हो जाए, तो टब में जाएँ और गर्म, बुलबुलेदार पानी में बैठें। अपनी आँखें बंद करें और गहरी साँसें लें, जिससे आप पूरी तरह से आराम कर सकें और आराम कर सकें।

• अनुभव का आनंद लें: स्नान में अपना समय लें, अपनी त्वचा पर गर्म पानी और बुलबुले की अनुभूति का आनंद लें। इस समय का उपयोग अपने विचारों और भावनाओं पर विचार करने के लिए करें, अपने आप को किसी भी तनाव या चिंता से मुक्त होने दें।

• अपने आप को लाड़-प्यार करें: अपने स्नान में अन्य लाड़-प्यार वाले तत्त्वों को शामिल करने पर विचार करें, जैसे कि फेस मास्क, एक्सफोलीएटिंग स्क्रब इत्यादि। एक शानदार स्नान अनुभव का आनंद लें जो आपको तरोताजा और हलका महसूस कराता है।

अंतिम समाधान

बुलबुला स्नान करना दुःख को दूर करने और विश्राम और कल्याण को बढ़ावा देने का एक सरल लेकिन प्रभावी तरीका है। अपने आप को लाड़-प्यार करने और एक शानदार स्नान अनुभव का आनंद लेने के लिए समय निकालकर, आप अपने शरीर और दिमाग को शांत कर सकते हैं, और तरोताजा और हलका महसूस कर सकते हैं। तो, क्यों न आज ही अपने आप को बबल बाथ का आनंद दिया जाए? एक शांतिपूर्ण और आरामदायक वातावरण बनाएँ, गर्म, बुलबुलेदार पानी में डूबें, और अपने आप को अपने दुःखों को दूर करने दें और वर्तमान क्षण में शांति और आराम पाएँ।

29

आत्म-अलगाव से बचना

अच्छे मानसिक स्वास्थ्य को बनाए रखने और दुःख पर काबू पाने के लिए आत्म-अलगाव से बचना महत्त्वपूर्ण है।

आत्म-अलगाव क्या है?

आत्म-अलगाव से तात्पर्य सामाजिक संपर्क से हटने और अकेले रहने या दूसरों के साथ बातचीत से बचने की क्रिया से है। हालाँकि आवश्यक होने पर शारीरिक दूरी का पालन करना महत्त्वपूर्ण है, लेकिन लंबे समय तक आत्म-अलगाव मानसिक स्वास्थ्य और कल्याण पर नकारात्मक प्रभाव डाल सकता है।

आत्म-अलगाव से बचना क्यों महत्त्वपूर्ण है?

आत्म-अलगाव से बचना कई कारणों से महत्त्वपूर्ण है। सबसे पहले और सबसे महत्त्वपूर्ण, सामाजिक संबंध मानसिक स्वास्थ्य और कल्याण के लिए महत्त्वपूर्ण हैं। मनुष्य एक सामाजिक प्राणी है, और जब हमारा दूसरों के साथ सार्थक संबंध होता है तो हम फलते-फूलते हैं। आत्म-

अलगाव से अकेलेपन, अवसाद और चिंता की भावनाएँ पैदा हो सकती हैं, जो दुःख की भावनाओं को बढ़ा सकती हैं।

आत्म-अलगाव से कैसे बचें?

आत्म-अलगाव से बचने का मतलब यह नहीं है कि आपको लगातार लोगों से घिरा रहना होगा। इसका सीधा सा मतलब है दूसरों से जुड़े रहना और एक सपोर्ट सिस्टम बनाए रखना। आत्म-अलगाव से बचने के कुछ तरीके यहाँ दिए गए हैं:

• जुड़े रहें: दोस्तों और परिवार के साथ संपर्क में रहने का प्रयास करें, भले ही यह केवल फोन कॉल, टेक्स्ट या वीडियो चैट के माध्यम से हो। जुड़े रहने के लिए सोशल मीडिया भी एक उपयोगी उपकरण हो सकता है।

• समूहों या क्लबों में शामिल हों: ऐसे समूहों या क्लबों में शामिल होना जो आपकी रुचियों को साझा करते हैं, नए लोगों से मिलने और जुड़े रहने का एक शानदार तरीका हो सकता है। ऐसे स्थानीय समूहों या ऑनलाइन समुदायों की तलाश करें जो आपके शौक या रुचियों से मेल खाते हों।

• स्वयंसेवा: स्वयंसेवा दूसरों से जुड़ने और अपने समुदाय में सकारात्मक प्रभाव डालने का एक शानदार तरीका है। अपने क्षेत्र में स्वयंसेवी अवसरों की तलाश करें जो आपकी रुचियों और कौशलों के अनुरूप हों।

• सहायता लें: यदि आप दुःख या अकेलेपन की भावनाओं से जूझ रहे हैं, तो किसी चिकित्सक, परामर्शदाता या सहायता समूह से सहायता लेने में संकोच न करें। किसी से बात करने से आपको कम अकेलापन और अधिक समर्थित महसूस करने में मदद मिल सकती है।

अंतिम समाधान

दुःख पर काबू पाने और अच्छे मानसिक स्वास्थ्य को बनाए रखने के लिए आत्म-अलगाव से बचना महत्त्वपूर्ण है। दूसरों के साथ जुड़े रहकर, आप एक मजबूत सहायता प्रणाली बना सकते हैं जो कठिन समय में आपकी मदद कर सकती है। तो, क्यों न आज ही समय निकालकर किसी मित्र या परिवार के सदस्य से संपर्क किया जाए? दूसरों के साथ जुड़े रहने और संलग्न रहने का प्रयास करें, और आप पाएंगे कि दूसरों के साथ साझा करने पर आपके दुःख हल्के महसूस होते हैं।

30

गीत गुनगुनाना

गीत गुनगुनाना आपके उत्साह को बढ़ाने और दुःख से उबरने का एक सशक्त तरीका हो सकता है।

गीत गुनगुनाना क्या है?

गीत गाने में संगीतमय ध्वनियाँ और धुनें उत्पन्न करने के लिए अपनी आवाज का उपयोग करना शामिल है। गायन अकेले या दूसरों के साथ किया जा सकता है, और इसमें आपके पसंदीदा गाने गाने से लेकर गायक मंडली या बैंड में प्रदर्शन तक शामिल हो सकता है।

गीत गुनगुनाना क्यों महत्त्वपूर्ण है?

गीत गुनगुनाना कई कारणों से महत्त्वपूर्ण है। सबसे पहले और सबसे महत्त्वपूर्ण बात यह है कि गायन से कई प्रकार के शारीरिक और मानसिक स्वास्थ्य लाभ होते हैं। गायन तनाव और चिंता को कम करने, मूड में सुधार करने और कल्याण की भावनाओं को बढ़ावा देने में मदद कर सकता है। इसके अतिरिक्त, गायन आत्म-अभिव्यक्ति का एक रूप हो सकता है, जो आपको संगीत के माध्यम से अपनी भावनाओं को व्यक्त करने की अनुमति देता है।

गीत कैसे गाएँ?

गीत गुनगुनाना एक सरल और आनंददायक गतिविधि है जिसे कोई भी कर सकता है। गायन को अपने दैनिक जीवन में शामिल करने में आपकी मदद के लिए यहाँ कुछ कदम दिए गए हैं:

• एक गाना चुनें: ऐसा गाना चुनें जो आपको पसंद हो और आपके मूड को दर्शाता हो। यह एक पसंदीदा गाना हो सकता है जो आपको खुशी देता है, या एक गाना जो आपकी वर्तमान भावनाओं को बयां करता है।

• अपनी आवाज को गर्म करें: गाना शुरू करने से पहले, कुछ सरल स्वर अभ्यासों के साथ अपनी आवाज को गर्म करें। यह तनाव को रोकने में मदद कर सकता है और यह सुनिश्चित कर सकता है कि आप आसानी से गा रहे हैं।

• अपनी आरामदायक रेंज ढूँढें: अपनी आवाज पर दबाव डालने से बचने के लिए अपनी आरामदायक वोकल रेंज के भीतर गाएँ। यदि आप अपनी गायन सीमा के बारे में अनिश्चित हैं, तो एक गीत के साथ गाना शुरू करें और आवश्यकतानुसार पिच को समायोजित करें।

• भावना के साथ गाएँ: जैसे ही आप गाते हैं, गीत की भावनाओं से जुड़ने का प्रयास करें। अपने आप को संगीत को महसूस करने दें और अपने गायन के माध्यम से स्वयं को अभिव्यक्त करने दें।

• नियमित अभ्यास करें: किसी भी कौशल की तरह, अभ्यास से गायन में सुधार होता है। गायन को अपनी दैनिक दिनचर्या में शामिल करने का प्रयास करें, चाहे वह कार में रेडियो पर गाना हो या स्थानीय गायक मंडली में शामिल होना हो।

अंतिम समाधान

गीत गुनगुनाना दुःख से उबरने और संगीत में खुशी और आराम पाने का एक सरल लेकिन शक्तिशाली तरीका है। नियमित रूप से गाने से, आप तनाव और चिंता को कम कर सकते हैं, अपने मूड में सुधार कर सकते

हैं और अपनी भावनाओं को सकारात्मक तरीके से व्यक्त कर सकते हैं। तो, क्यों न आज से गाना शुरू किया जाए? ऐसा गाना चुनें जो आपसे बात करता हो, आपकी आवाज को गर्म करे, और संगीत को आपकी आत्माओं को ऊपर उठाने और आपकी आत्मा को शांत करने दें।

31

नौका विहार

नौका विहार एक आनंददायक गतिविधि है जो विश्राम, आनंद और रोमांच की भावना प्रदान कर सकती है।

नौका विहार क्या है?

नौका विहार में झीलों, नदियों या महासागरों जैसे जल निकायों को नेविगेट करने के लिए नौकाओं, जैसे सेलबोट, मोटरबोट या रोबोट का उपयोग शामिल है। यह एक लोकप्रिय मनोरंजक गतिविधि है जो प्रकृति और बाहरी वातावरण का अनुभव करने का एक अनूठा तरीका प्रदान करती है।

नौका विहार क्यों महत्त्वपूर्ण है?

नौका विहार कई कारणों से महत्त्वपूर्ण है। सबसे पहले और सबसे महत्त्वपूर्ण, यह आपको प्रकृति से गहराई से जुड़ने की अनुमति देता है। पानी पर रहना अविश्वसनीय रूप से शांत और उपचारात्मक हो सकता है, जिससे तनाव और चिंता को कम करने में मदद मिलती है। इसके अतिरिक्त, नौका विहार एक मजेदार और साहसिक गतिविधि हो सकती है जो आपको नई जगहों का पता लगाने और दोस्तों और परिवार के साथ

स्थायी यादें बनाने की अनुमति देती है।

नौका विहार का आनंद कैसे लें?

नौका विहार का आनंद लेना हर किसी के लिए आसान और सुलभ है। नौका विहार अनुभव का अधिकतम लाभ उठाने में मदद के लिए यहाँ कुछ कदम दिए गए हैं:

• सही नाव चुनें: ऐसी नाव चुनें जो आपकी आवश्यकताओं और अनुभव के स्तर के अनुरूप हो। यदि आप नौका विहार में नए हैं, तो कयाक या पैडलबोर्ड जैसी छोटी, आसानी से सँभाली जाने वाली नाव से शुरुआत करने पर विचार करें।

• नौका विहार सुरक्षा सीखें: नौका विहार सुरक्षा नियमों और विनियमों से खुद को परिचित करें, जिसमें नाव को सुरक्षित रूप से कैसे संचालित किया जाए, जलमार्गों पर कैसे नेविगेट किया जाए और आपात स्थिति पर कैसे प्रतिक्रिया दी जाए।

• उचित पोशाक पहनें: आरामदायक कपड़े और जूते पहनें जो मौसम की स्थिति के लिए उपयुक्त हों। नाव पर सवार सभी लोगों के लिए, चाहे उनकी तैराकी क्षमता कुछ भी हो, एक लाइफ जैकेट साथ लाएँ।

• अपने मार्ग की योजना बनाएँ: पानी पर निकलने से पहले, अपने मार्ग की योजना बनाएँ और क्षेत्र से परिचित हों। चट्टानों, धाराओं या उथले क्षेत्रों जैसे किसी भी संभावित खतरे से सावधान रहें।

? अनुभव का आनंद लें: एक बार पानी पर, आराम करने और अपने आसपास की सुंदरता का आनंद लेने के लिए समय निकालें। प्रकृति की आवाज सुनें, अपनी त्वचा पर सूरज को महसूस करें और नौका विहार से मिलने वाली आजादी की भावना को अपनाएँ।

अंतिम समाधान

नौका विहार दुःख से उबरने और पानी पर शांति और सुकून पाने का एक अद्भुत तरीका है। चाहे आप एक शांत झील की खोज कर रहे हों, एक

घुमावदार नदी पर नौका विहार कर रहे हों, या तट के किनारे घूम रहे हों, नौका विहार आपके आस-पास की दुनिया का एक अनूठा परिप्रेक्ष्य प्रदान करता है। तो, क्यों न आप पानी में उतरें और नौका विहार के आनंद और सौंदर्य का अनुभव स्वयं करें? अपने आप को प्रकृति में विसर्जित करें, अपने बालों में हवा को महसूस करें, और जब आप नौका विहार साहसिक कार्य पर निकलें तो पानी को अपनी आत्मा को शांत करने दें।

32

सूर्यास्त देखना

सूर्यास्त देखना एक जादुई अनुभव है जो आपके जीवन में शांति, सुंदरता और परिप्रेक्ष्य की भावना ला सकता है।

सूर्यास्त देखना क्या है?

सूर्यास्त देखने में सूर्य को क्षितिज के नीचे डूबते हुए देखना, आकाश को लाल, नारंगी, गुलाबी और बैंगनी जैसे जीवंत रंगों से रंगना शामिल है। सूर्यास्त एक प्राकृतिक घटना है जो प्रतिदिन घटित होती है और पश्चिमी क्षितिज के स्पष्ट दृश्य के साथ लगभग किसी भी स्थान से इसका आनंद लिया जा सकता है।

सूर्यास्त देखना क्यों महत्त्वपूर्ण है?

सूर्यास्त देखना कई कारणों से महत्त्वपूर्ण है। सबसे पहले और सबसे महत्त्वपूर्ण, यह एक गहन शांतिदायक और ध्यानपूर्ण अनुभव हो सकता है। सूर्यास्त की सुंदरता आपको अपने आस-पास की दुनिया से अधिक जुड़ाव महसूस करने में मदद कर सकती है और प्रकृति की सुंदरता और आश्चर्य की याद दिला सकती है। इसके अतिरिक्त, सूर्यास्त देखने से आपको धीमा होने और वर्तमान क्षण की सराहना करने में मदद मिल

सकती है, जो विशेष रूप से तब फायदेमंद हो सकता है जब आप दुःख या तनाव से अभिभूत महसूस कर रहे हों।

सूर्यास्त कैसे देखें?

सूर्यास्त देखना एक सरल लेकिन गहन अनुभव है। सूर्यास्त देखने का अधिकतम लाभ उठाने में आपकी मदद के लिए यहाँ कुछ कदम दिए गए हैं:

• एक अच्छा स्थान खोजें: पश्चिमी क्षितिज के स्पष्ट दृश्य के साथ एक स्थान चुनें, जैसे समुद्र तट, पार्क, या पहाड़ी की चोटी। बैठने या खड़े होने के लिए आरामदायक जगह ढूँढने के लिए जल्दी पहुँचें।

• उपस्थित रहें: स्वयं को केंद्रित करने के लिए कुछ क्षण निकालें और उस क्षण में उपस्थित रहें। अपने आस-पास के दृश्यों, ध्वनियों और संवेदनाओं पर ध्यान दें।

• आकाश को देखें: जैसे ही सूरज डूबने लगता है, आकाश को रंग बदलते हुए देखें। रंग में सूक्ष्म बदलावों और बादलों द्वारा प्रकाश को प्रतिबिंबित करने के तरीके पर ध्यान दें।

• दिन पर चिंतन करें: इस समय का उपयोग अपने दिन पर चिंतन करने और उत्पन्न होने वाली किसी भी भावना या विचार को स्वीकार करने के लिए करें। अपने आप को किसी भी तनाव या चिंता से मुक्त होने दें और बस इस क्षण में बने रहें।

? आभार व्यक्त करें: जैसे ही सूर्य क्षितिज के नीचे डूबता है, दिन और सूर्यास्त की सुंदरता के लिए आभार व्यक्त करने के लिए एक क्षण लें। जीवन की सरल खुशियों और प्रकृति की सुंदरता के लिए धन्यवाद दें।

अंतिम समाधान

सूर्यास्त देखना दुःख से उबरने और अपने आस-पास की दुनिया में शांति और सुंदरता पाने का एक सरल लेकिन शक्तिशाली तरीका है। सूर्यास्त को ध्यानपूर्वक देखने के लिए समय निकालकर, आप प्रकृति

की सुंदरता से जुड़ सकते हैं और वर्तमान क्षण में सांत्वना पा सकते हैं। तो, क्यों न सूर्यास्त देखना अपनी दिनचर्या का नियमित हिस्सा बना लिया जाए? एक शांत जगह ढूँढें, आकाश को रंगों से जीवंत होते हुए देखें, और सूर्यास्त की सुंदरता को अपने दिल को खुशी और कृतज्ञता से भरने दें।

33

क्षमा का अभ्यास करना

क्षमा का अभ्यास दुःख पर काबू पाने और अपने दिल में शांति पाने का एक शक्तिशाली तरीका है।

क्षमा क्या है?

क्षमा किसी ऐसे व्यक्ति के प्रति क्रोध, नाराजगी या बदला लेने की इच्छा को दूर करने का कार्य है जिसने आपके साथ अन्याय किया है। इसमें नकारात्मक भावनाओं को दूर करना और समझ और करुणा की जगह की ओर बढ़ना शामिल है।

क्षमा क्यों महत्त्वपूर्ण है?

क्षमा कई कारणों से महत्त्वपूर्ण है। सबसे पहले और सबसे महत्त्वपूर्ण बात यह है कि क्रोध और आक्रोश को अपने पास रखना आपके मानसिक और भावनात्मक स्वास्थ्य के लिए हानिकारक हो सकता है। ये नकारात्मक भावनाएँ आपको अतीत में फँसाए रख सकती हैं और आपको अपने जीवन में आगे बढ़ने से रोक सकती हैं। इसके अतिरिक्त,

क्षमा दूसरों के प्रति अधिक सहानुभूति और करुणा पैदा कर सकती है, गहरे और अधिक सार्थक संबंधों को बढ़ावा दे सकती है।

क्षमा का अभ्यास कैसे करें?

क्षमा का अभ्यास करना एक ऐसी प्रक्रिया है जिसमें समय और प्रयास लगता है। क्षमा का अभ्यास करने में आपकी सहायता के लिए यहाँ कुछ चरण दिए गए हैं:

• अपनी भावनाओं को स्वीकार करें: क्रोध, चोट या नाराजगी की अपनी भावनाओं को स्वीकार करके शुरुआत करें। इन भावनाओं को महसूस करना ठीक है, लेकिन यह पहचानें कि उन्हें पकड़कर रखना लंबे समय तक आपके लिए फायदेमंद नहीं हो सकता है।

• स्थिति को समझें: उस व्यक्ति के दृष्टिकोण को समझने की कोशिश करें जिसने आपके साथ गलत किया है। उनकी प्रेरणाओं और परिस्थितियों पर विचार करें जिनके कारण उन्हें ऐसा करना पड़ा।

• नाराजगी दूर करें: दूसरे व्यक्ति के प्रति नाराजगी और क्रोध की भावनाओं को दूर करने का सचेत निर्णय लें। इसका मतलब उनके कार्यों को नजरअंदाज करना नहीं है, बल्कि उन नकारात्मक भावनाओं को छोड़ना है जो आप पर बोझ डाल रही हैं।

• सहानुभूति और करुणा का अभ्यास करें: अपने आप को दूसरे व्यक्ति के स्थान पर रखने का प्रयास करें और उनकी भावनाओं और अनुभवों के प्रति सहानुभूति रखें। इससे आपको उनके प्रति दया की भावना विकसित करने में मदद मिल सकती है।

• यदि आवश्यक हो तो संवाद करें: यदि यह उचित और सुरक्षित लगता है, तो अपनी भावनाओं के बारे में दूसरे व्यक्ति से संवाद करने पर विचार करें। अपनी भावनाओं को शांत और रचनात्मक तरीके से व्यक्त करने से क्षमा प्रक्रिया को सुविधाजनक बनाने में मदद मिल सकती है।

अंतिम समाधान

क्षमा का अभ्यास दुःख पर काबू पाने और अपने दिल में शांति पाने का एक शक्तिशाली तरीका है। दूसरों के प्रति क्रोध और आक्रोश को त्यागकर, आप खुद को अतीत के भावनात्मक बोझ से मुक्त कर सकते हैं और अधिक स्पष्टता और करुणा के साथ आगे बढ़ सकते हैं। तो, क्यों न आज ही क्षमा की ओर पहला कदम उठाया जाए? उन नकारात्मक भावनाओं को छोड़ना चुनें जो आपको रोक रही हैं, और शांति और उपचार से भरे भविष्य के लिए अपना दिल खोलें।

34

मजेदार वीडियो देखना

मजेदार वीडियो देखना अपना उत्साह बढ़ाने और दुःख से उबरने का एक सरल और आनंददायक तरीका है।

मजेदार वीडियो देखना क्या है?

मजेदार वीडियो देखने में हास्य सामग्री देखना शामिल है, जैसे कॉमेडी स्केच, स्टैंड-अप रुटीन, या मजेदार जानवरों के वीडियो, जो आपको हँसाने के लिए डिजाइन किए गए हैं। मजेदार वीडियो सोशल मीडिया, स्ट्रीमिंग सेवाओं और कॉमेडी के लिए समर्पित वेबसाइटों सहित विभिन्न प्लेटफार्मों पर पाए जा सकते हैं।

मजेदार वीडियो देखना क्यों महत्त्वपूर्ण है?

मजेदार वीडियो देखना कई कारणों से महत्त्वपूर्ण है। यह देखा गया है कि हँसी से कई स्वास्थ्य लाभ होते हैं, जिनमें तनाव कम करना, प्रतिरक्षा प्रणाली को बढ़ावा देना और मूड में सुधार शामिल है। इसके अतिरिक्त, हँसी आपको अपना दृष्टिकोण बदलने और जीवन के हल्के पक्ष को देखने में मदद कर सकती है, यहाँ तक कि दुःख या प्रतिकूल परिस्थिति में भी।

मजेदार वीडियो कैसे देखें?

मजेदार वीडियो देखना हर किसी के लिए आसान और सुलभ है। आपके मजेदार वीडियो देखने के अनुभव का अधिकतम लाभ उठाने में आपकी सहायता के लिए यहाँ कुछ चरण दिए गए हैं:

• मजेदार वीडियो का स्रोत खोजें: ऐसी वेबसाइटें, सोशल मीडिया अकाउंट या स्ट्रीमिंग सेवाएँ खोजें जो मजेदार सामग्री में विशेषज्ञ हों। उन खातों या चैनलों का अनुसरण करें जो लगातार ऐसी सामग्री पोस्ट करते हैं जो आपको हँसाती है।

• ऐसे वीडियो चुनें जो आपके हास्य की भावना के अनुरूप हों: हर किसी का हास्य की भावना अलग-अलग होती है, इसलिए ऐसे वीडियो चुनें जो आपको हँसाने वाली चीजों के अनुरूप हों। चाहे आप मजाकिया हास्य, स्लैपस्टिक कॉमेडी, या चतुर पैरोडी का आनंद लेते हों, आपके लिए एक मजेदार वीडियो मौजूद है।

• हँसी-मजाक के लिए समय निकालें: मजेदार वीडियो देखना अपनी दिनचर्या का हिस्सा बनाएँ। प्रतिदिन कुछ मिनट ऐसे वीडियो देखने के लिए निकालें जो आपको हँसाएँ।

• हँसी साझा करें: यदि आपको कोई ऐसा वीडियो मिलता है जो वास्तव में आपको गुदगुदाता है, तो उसे दोस्तों या परिवार के साथ साझा करने पर विचार करें। हँसी संक्रामक है, और मजेदार वीडियो साझा करने से दूसरों में खुशी फैल सकती है।

• लाभों का आनंद लें: जब आप मजेदार वीडियो देखें और हँसें, तो इस बात पर ध्यान दें कि आप कैसा महसूस करते हैं। अपने मूड या दृष्टिकोण में किसी भी बदलाव पर ध्यान दें और हँसी के आपके स्वास्थ्य पर पड़ने वाले सकारात्मक प्रभावों की सराहना करें।

अंतिम समाधान

मजेदार वीडियो देखना दुःख से उबरने और अपने जीवन में खुशी और हँसी लाने का एक शानदार तरीका है। ऐसे वीडियो देखने के लिए समय निकालकर जो आपको हँसाते हैं, आप तनाव कम कर सकते हैं, अपना मूड सुधार सकते हैं और हास्य में आराम पा सकते हैं। तो, क्यों न आप अपनी चिंताओं से छुट्टी लें और कुछ हँसी थेरेपी में शामिल हों? एक मजेदार वीडियो ढूंढें जो आपको मजाकिया स्पर्श से गुदगुदा दे, आराम से बैठें, और हँसी से अपने दुःखों को दूर कर दें।

35

चित्र बनाना

चित्र बनाना एक रचनात्मक और चिकित्सीय गतिविधि है जो आपको दुःख से उबरने और अपनी भावनाओं को व्यक्त करने में मदद कर सकती है।

चित्र बनाना क्या है?

किसी चित्र को चित्रित करने में आपके विचारों, भावनाओं या परिवेश का दृश्य प्रतिनिधित्व बनाने के लिए पेंट, ब्रश और एक कैनवास या कागज का उपयोग करना शामिल है। पेंटिंग विभिन्न माध्यमों से की जा सकती है, जिसमें जल रंग, ऐक्रेलिक और ऑयल शामिल हैं, और यह सरल रेखाचित्रों से लेकर जटिल उत्कृष्ट कृतियों तक हो सकती है।

चित्र बनाना क्यों महत्त्वपूर्ण है?

चित्र बनाना कई कारणों से महत्त्वपूर्ण है। सबसे पहले और सबसे महत्त्वपूर्ण, यह आपकी भावनाओं के लिए एक अभिव्यक्तक और अभिव्यंजक आउटलेट हो सकता है। पेंटिंग आपको अपनी भावनाओं और अनुभवों को दृश्य रूप से प्रस्तुत करने की अनुमति देती है, जो आपको उन्हें संसाधित करने और बेहतर ढंग से समझने में मदद कर

सकती है। इसके अतिरिक्त, पेंटिंग एक आरामदायक और ध्यानपूर्ण गतिविधि हो सकती है जो तनाव और चिंता को कम करने में मदद कर सकती है।

किसी चित्र को कैसे चित्रित करें?

चित्र बनाना एक रचनात्मक और आनंददायक गतिविधि है जिसे कोई भी कर सकता है। आरंभ करने में आपकी सहायता के लिए यहाँ कुछ चरण दिए गए हैं:

• अपनी सामग्री इकट्ठा करें: अपनी पेंटिंग की सामग्री इकट्ठा करके शुरुआत करें, जिसमें पेंट, ब्रश, एक कैनवास या कागज और रंगों को मिलाने के लिए एक पैलेट शामिल है। ऐसे रंग चुनें जो आपकी भावनाओं या उस मूड से मेल खाते हों जो आप बनाना चाहते हैं।

• एक विषय चुनें: तय करें कि आप क्या चित्रित करना चाहते हैं। आप कल्पना से, किसी संदर्भ फोटो से, या अपने परिवेश के अवलोकन से पेंटिंग कर सकते हैं। ऐसा विषय चुनें जो आपको प्रेरित करे और आपको अपनी रचनात्मकता से जुड़ा हुआ महसूस कराए।

• अपने डिजाइन को स्केच करें: पेंटिंग शुरू करने से पहले, अपने कैनवास या कागज पर अपने डिजाइन की एक मोटी रूपरेखा तैयार करें। इससे आपको रंग जोड़ने से पहले अपनी संरचना और अनुपात की योजना बनाने में मदद मिलेगी।

• पेंटिंग शुरू करें: एक बार जब आपके पास अपना स्केच हो, तो पेंटिंग शुरू करें! अपने कैनवास में रंग और बनावट जोड़ने के लिए अपने ब्रश और पेंट का उपयोग करें। गलतियाँ करने की चिंता न करें; पेंटिंग अन्वेषण और प्रयोग की एक प्रक्रिया है।

• विवरण जोड़ें: जैसे ही आप पेंटिंग करते हैं, उसे जीवंत बनाने के लिए अपनी पेंटिंग में विवरण और परतें जोड़ें। अपनी रचना में गहराई और रुचि पैदा करने के लिए विभिन्न ब्रश स्ट्रोक और तकनीकों का उपयोग करें।

अंतिम समाधान

चित्र बनाना दुःख से उबरने और खुद को रचनात्मक रूप से अभिव्यक्त करने का एक शानदार तरीका है। पेंटिंग करने के लिए समय निकालकर, आप दबी हुई भावनाओं को बाहर कर सकते हैं, तनाव कम कर सकते हैं और शांति और उपलब्धि की भावना पा सकते हैं। तो, क्यों न तूलिका उठाकर आज ही पेंटिंग शुरू कर दी जाए? चाहे आप शुरुआती हों या अनुभवी कलाकार, पेंटिंग उपचार और आत्म-अभिव्यक्ति के लिए एक शक्तिशाली उपकरण हो सकती है।

36

समुद्र को सुनना

समुद्र को सुनना एक सुखदायक और शांत अनुभव है जो आपको दुःख से उबरने और लहरों की लय में शांति पाने में मदद कर सकता है।

समुद्र को सुनना क्या है?

समुद्र को सुनने में किनारे के पास बैठना या खड़े होना और लहरों की आवाज पर ध्यान केंद्रित करना शामिल है जब वे किनारे से टकराती हैं। समुद्र की ध्वनि सुखदायक लय की एक प्राकृतिक अनुनाद है जो आपके दिमाग को शांत करने और आपके शरीर को आराम देने में मदद कर सकती है।

समुद्र को सुनना क्यों महत्त्वपूर्ण है?

समुद्र को सुनना कई कारणों से महत्त्वपूर्ण है। सबसे पहले और सबसे महत्त्वपूर्ण बात यह है कि समुद्र की आवाज का मन और शरीर पर शांत प्रभाव पड़ता है। तरंगों की लयबद्ध ध्वनि तनाव को कम करने, रक्तचाप को कम करने और विश्राम को बढ़ावा देने में मदद कर सकती है। इसके अतिरिक्त, समुद्र को सुनने से आपको प्रकृति और अपने आस-पास की दुनिया से अधिक जुड़ाव महसूस करने में मदद मिल सकती है,

जो दुःख के समय में आरामदायक हो सकता है।

समुद्र को कैसे सुनें

समुद्र को सुनना एक सरल और सुलभ गतिविधि है जिसे कोई भी कर सकता है। समुद्र को ध्यानपूर्वक सुनने में आपकी सहायता के लिए यहाँ कुछ चरण दिए गए हैं:

• एक शांत स्थान खोजें: किनारे के पास एक स्थान चुनें जहाँ आप बिना ध्यान भटकाए आराम से बैठ या खड़े हो सकें। ऐसी जगह ढूँढने का प्रयास करें जहाँ आप लहरों की आवाज स्पष्ट रूप से सुन सकें।

• अपनी आँखें बंद करें: अपने शरीर को आराम देने और अपने दिमाग को साफ करने के लिए अपनी आँखें बंद करें और कुछ गहरी साँसें लें। तरंगों की आवाज पर ध्यान केंद्रित करें जैसे वे उतरती और बहती हैं।

• ध्यानपूर्वक सुनें: जैसे आप समुद्र को सुनते हैं, वैसे ही आप जो विभिन्न ध्वनियाँ सुन रहे हैं उन पर भी ध्यान दें। लहरों की लय, ऊपर चिड़ियों की आवाज और समुद्र की समग्र सिम्फनी में योगदान देने वाली किसी भी अन्य आवाज पर ध्यान दें।

• वर्तमान में रहें: इस क्षण में उपस्थित रहने का प्रयास करें और जो भी विचार या चिंता उत्पन्न हो उसे छोड़ दें। बस अपने आप को समुद्र की ध्वनि और अपने आस-पास की प्राकृतिक दुनिया की सुंदरता में डूबने दें।

अंतिम समाधान

समुद्र की लहरों की आवाज को ध्यानपूर्वक सुनने के लिए समय निकालकर, आप अपने मन को शांत कर सकते हैं, अपने शरीर को आराम दे सकते हैं और प्रकृति की सुंदरता में सांत्वना पा सकते हैं। तो, क्यों न आज एक क्षण निकालकर सागर को सुना जाए? किनारे के पास एक शांत जगह ढूँढें, अपनी आँखें बंद करें और लहरों की सुखद ध्वनि को अपने दुःखों को दूर करने दें।

37

रेत का महल बनाना

रेत का महल बनाना एक सरल और आनंददायक गतिविधि है जो आपको दुःख से उबरने और अपने भीतर के बच्चे से जुड़ने में मदद कर सकती है।

रेत का महल बनाना क्या है?

रेत के महल के निर्माण में रेत और पानी का उपयोग करके विस्तृत संरचनाएँ बनाई जाती हैं, जो अक्सर वास्तविक जीवन के महल से मिलती-जुलती होती हैं। यह एक लोकप्रिय समुद्र तट गतिविधि है जिसका आनंद सभी उम्र के लोग ले सकते हैं।

रेत का महल बनाना क्यों महत्त्वपूर्ण है?

रेत का महल बनाना कई कारणों से महत्त्वपूर्ण है। सबसे पहले और सबसे महत्त्वपूर्ण, यह एक मजेदार और रचनात्मक गतिविधि है जो आपको विश्राम में और आराम करने में मदद कर सकती है। अपने हाथों से कुछ बनाने का कार्य अविश्वसनीय रूप से संतुष्टिदायक हो सकता है और यह आपके दुःखों से ध्यान हटाने में मदद कर सकता है। इसके अतिरिक्त, रेत का महल बनाने से आपको अपनी कल्पना का सहारा लेने और

अपने भीतर के बच्चे के साथ फिर से जुड़ने में मदद मिल सकती है, जो उत्थानकारी और तरोताजा करने वाला अनुभव हो सकता है।

रेत का महल कैसे बनाएँ?

रेत का महल बनाना एक सरल और आनंददायक गतिविधि है जिसे कोई भी कर सकता है। रेत का महल बनाने में आपकी मदद के लिए यहाँ कुछ चरण दिए गए हैं:

• एक अच्छा स्थान खोजें: समुद्र तट पर एक ऐसा स्थान चुनें जहाँ रेत गीली हो और पैक करने योग्य हो। इससे रेत का मजबूत महल बनाना आसान हो जाएगा।

• अपने उपकरण इकट्ठा करें: अपने उपकरण इकट्ठा करें, जिसमें एक बाल्टी, फावड़ा और कोई भी अन्य उपकरण शामिल है जिसे आप उपयोग करना चाहते हैं, जैसे कि प्लास्टिक चाकू या ट्रॉवेल।

• आधार बनाएँ: अपनी बाल्टी को गीली रेत से भरें और इसे मजबूती से पैक करें। बाल्टी को उल्टा कर दें और अपने रेत के महल का आधार बनाने के लिए इसे सावधानी से उठाएँ।

• विवरण जोड़ें: अपने रेत के महल में दीवारें, टावर और खिड़कियाँ जैसे विवरण जोड़ने के लिए अपने फावड़े, चाकू या अन्य उपकरणों का उपयोग करें। रचनात्मक बनें और इसका आनंद लें!

• अपने रेत के महल को सजाएँ: एक बार जब आप मूल संरचना का निर्माण कर लेते हैं, तो आप कुछ आकर्षण जोड़ने के लिए अपने रेत के महल को सीपियों, समुद्री शैवाल, या अन्य समुद्र तट के खजाने से सजा सकते हैं।

अंतिम समाधान

रेत का महल बनाना दुःख से उबरने और रचनात्मकता और चंचलता के आनंद को अपनाने का एक आनंददायक तरीका है। रेत का महल बनाने के लिए समय निकालकर, आप आराम कर सकते हैं, विश्राम कर सकते

हैं और अपने भीतर के बच्चे के साथ फिर से जुड़ सकते हैं। तो, क्यों न समुद्र तट पर जाएँ, एक बाल्टी और फावड़ा लें और अपनी खुद की रेत म्हल की उत्कृष्ट कृति बनाते समय अपनी कल्पना को उड़ान दें?

38

आग देखना

आग देखना एक मंत्रमुग्ध कर देने वाला और शांति देने वाला अनुभव है जो आपको दुःख से उबरने और गर्मी और टिमटिमाती आग में आराम पाने में मदद कर सकता है।

आग देखना क्या है?

आग देखने में आग के स्रोत, जैसे कैंप फायर या चिमनी के पास बैठना या खड़ा होना और आग की लपटों को नाचते और टिमटिमाते हुए देखना शामिल है। आग की कर्कश ध्वनि और उससे निकलने वाली गर्मी एक सुखदायक और आरामदायक माहौल बना सकती है।

आग देखना क्यों महत्त्वपूर्ण है?

आग देखना कई कारणों से महत्त्वपूर्ण है। सबसे पहले और सबसे महत्त्वपूर्ण, यह एक गहन शांतिदायक और ध्यानपूर्ण अनुभव हो सकता है। आग की लपटों की हल्की कर्कश ध्वनि और आग की गर्म चमक आपके मन और शरीर को आराम देने में मदद कर सकती है, जिससे तनाव और चिंताओं से छुटकारा पाना आसान हो जाता है। इसके अतिरिक्त, आग देखने से आपको प्रकृति और तत्त्वों से अधिक जुड़ाव

महसूस करने में मदद मिल सकती है, जो ग्राउंडिंग और आरामदायक हो सकता है।

आग कैसे देखें?

आग देखना एक सरल लेकिन गहरा अनुभव है। आग को देखने का अधिकतम लाभ उठाने में आपकी मदद के लिए यहाँ कुछ कदम दिए गए हैं:

• एक सुरक्षित स्थान ढूँढें: यदि आप बाहर आग देख रहे हैं, तो सुनिश्चित करें कि दुर्घटनाओं को रोकने के लिए इसे आग के गड्ढे या चिमनी में रखा जाए। यदि आप घर के अंदर हैं, तो सुनिश्चित करें कि आपका फायरप्लेस ठीक से हवादार है।

• आराम से बैठें: आग के पास एक आरामदायक जगह ढूँढें जहाँ आप आग की लपटों के बहुत करीब आए बिना बैठ या खड़े हो सकें। यदि आवश्यक हो तो बैठने के लिए कुर्सी या कंबल का प्रयोग करें।

• आराम करें और निरीक्षण करें: कुछ गहरी साँसें लें और अपने आप को आराम करने दें। आग की लपटों को नाचते और टिमटिमाते हुए देखें, और आग की तेज आवाज को सुनें।

• चिंतन और मनन करें: इस समय का उपयोग अपने विचारों और भावनाओं पर चिंतन करने के लिए करें। आप ध्यान के लिए आग को केंद्र बिंदु के रूप में भी उपयोग कर सकते हैं, जिससे इसकी गर्मी और रोशनी आपके विचारों को निर्देशित कर सकती है।

• क्षण का आनंद लें: अपने आप को उस क्षण में पूरी तरह से उपस्थित होने दें और आग की सुंदरता और गर्मी का आनंद लें। किसी भी चिंता या तनाव को छोड़ दें और बस यहीं और अभी में रहें।

अंतिम समाधान

आग देखना दुःख पर काबू पाने और शांति और आराम पाने का एक सरल लेकिन शक्तिशाली तरीका है। बैठकर और आग की लपटों को

देखने के लिए समय निकालकर, आप अपने मन और शरीर को आराम दे सकते हैं, और आग की गर्मी और सुंदरता में सांत्वना पा सकते हैं। तो, क्यों न आज एक पल निकालकर आग देखी जाए? चाहे आप घर के अंदर हों या बाहर, आग देखना एक सुखद और शांत अनुभव हो सकता है जो आपको कठिन समय में शांति पाने में मदद कर सकता है।

39

नया खेल आजमाना

किसी नए खेल को आजमाना दुःख से उबरने और अपने मन और शरीर को तरोताजा करने का एक रोमांचक और स्फूर्तिदायक तरीका है।

नए खेल का प्रयास क्या है?

किसी नए खेल को आजमाने में ऐसी शारीरिक गतिविधि या खेल में शामिल होना शामिल है जिसे आपने पहले नहीं आजमाया है। यह फुटबॉल या बास्केटबॉल जैसा टीम खेल, टेनिस या गोल्फ जैसा व्यक्तिगत खेल या लंबी पैदल यात्रा या कयाकिंग जैसी मनोरंजक गतिविधि हो सकती है।

किसी नए खेल को आजमाना क्यों महत्त्वपूर्ण है?

किसी नए खेल को आजमाना कई कारणों से महत्त्वपूर्ण है। सबसे पहले और सबसे महत्त्वपूर्ण, यह आपको अपनी दिनचर्या से बाहर निकलने और कुछ नया और रोमांचक प्रयास करने में मदद कर सकता है। शारीरिक गतिविधि में शामिल होने से एंडोर्फिन रिलीज होता है, जिसे फील-गुड हार्मोन के रूप में जाना जाता है, और यह आपके मूड को बेहतर बनाने और दुःख की भावनाओं को कम करने में मदद कर सकता है।

इसके अतिरिक्त, एक नया खेल आजमाने से आपको नई रुचियों और जुनूनों को खोजने में मदद मिल सकती है, और आपका आत्मविश्वास और आत्म-सम्मान बढ़ सकता है।

नया खेल कैसे आजमाएँ?

किसी नए खेल को आजमाना एक मजेदार और फायदेमंद अनुभव हो सकता है। आरंभ करने में आपकी सहायता के लिए यहाँ कुछ चरण दिए गए हैं:

• विभिन्न खेलों पर शोध करें: अपनी रुचि के विभिन्न खेलों और गतिविधियों पर शोध करने के लिए कुछ समय निकालें। आजमाने के लिए कोई नया खेल चुनते समय अपने फिटनेस स्तर, रुचियों और लक्ष्यों पर विचार करें।

• एक शुरुआती कक्षा या समूह ढूँढें: अपने क्षेत्र में एक शुरुआती कक्षा या समूह की तलाश करें जो नए लोगों के लिए निर्देश और मार्गदर्शन प्रदान करता है। इससे आपको खेल की मूल बातें सीखने और कुछ नया आजमाने में अधिक सहज महसूस करने में मदद मिल सकती है।

• धीरे-धीरे शुरू करें: किसी नए खेल को आजमाते समय अपने आप पर बहुत अधिक दबाव न डालें। धीरे-धीरे शुरू करें और धीरे-धीरे अपने वर्कआउट की तीव्रता और अवधि बढ़ाएँ क्योंकि आप अधिक आरामदायक और आश्वस्त हो जाते हैं।

• सकारात्मक और लगातार बने रहें: किसी नए खेल को आजमाना चुनौतीपूर्ण हो सकता है, लेकिन सकारात्मक और लगातार बने रहना महत्त्वपूर्ण है। यदि आप इसे तुरंत समझ नहीं पाते हैं तो निराश न हों। अभ्यास करते रहें और समय के साथ आपमें सुधार होगा।

• आनंद लें: सबसे महत्त्वपूर्ण बात, आनंद लें! किसी नए खेल को आजमाना एक आनंददायक अनुभव होना चाहिए, इसलिए ऐसा खेल चुनना सुनिश्चित करें जो आपको दिलचस्प और रोमांचक लगे।

अंतिम समाधान

किसी नए खेल को आजमाना दुःख से उबरने और नए जुनून और रुचियों की खोज करने का एक शानदार तरीका है। अपने आराम क्षेत्र से बाहर निकलकर और कुछ नया आजमाकर, आप अपने मूड को बेहतर बना सकते हैं, अपनी फिटनेस में सुधार कर सकते हैं और अपने समग्र स्वास्थ्य को बढ़ा सकते हैं। तो, क्यों न आज ही जोखिम उठाया जाए और एक नया खेल आजमाया जाए? चाहे आपकी रुचि टीम खेल, व्यक्तिगत गतिविधियों या आउटडोर रोमांच में हो, वहाँ एक नया खेल है जो आपकी खोज का इंतजार कर रहा है।

40

बुलबुलों के साथ खेलना

बुलबुलों के साथ खेलना एक सरल और आनंददायक गतिविधि है जो आपको दुःख से उबरने और सादगी का आनंद लेने में मदद कर सकती है।

बुलबुले के साथ खेलना क्या है?

बुलबुले के साथ खेलने में बुलबुले के घोल और एक छड़ी का उपयोग करके बुलबुले बनाना और उड़ाना शामिल है। बुलबुले साबुन की फिल्म के नाजुक, इंद्रधनुषी गोले हैं जो प्रकाश को प्रतिबिंबित करते हैं और हवा में खूबसूरती से तैरते हैं।

बुलबुले के साथ खेलना क्यों महत्त्वपूर्ण है?

बुलबुलों के साथ खेलना कई कारणों से महत्त्वपूर्ण है। सबसे पहले और सबसे महत्त्वपूर्ण, यह एक मजेदार और हल्की-फुल्की गतिविधि है जो आपके उत्साह को बढ़ाने और आपके चेहरे पर मुस्कान लाने में मदद कर सकती है। बुलबुले उड़ाने और उन्हें हवा में तैरते देखने का कार्य

अविश्वसनीय रूप से शांत और आरामदायक हो सकता है, जिससे तनाव और चिंता को कम करने में मदद मिलती है। इसके अतिरिक्त, बुलबुले के साथ खेलने से आपको अपने भीतर के बच्चे के साथ फिर से जुड़ने और जीवन की सरल खुशियों को फिर से खोजने में मदद मिल सकती है।

बुलबुले के साथ कैसे खेलें?

बुलबुले के साथ खेलना एक सरल और आनंददायक गतिविधि है जिसे कोई भी कर सकता है। आरंभ करने में आपकी सहायता के लिए यहाँ कुछ चरण दिए गए हैं:

• अपनी सामग्री इकट्ठा करें: अपने बबल सॉल्यूशन और छड़ी को इकट्ठा करके शुरुआत करें। आप किसी स्टोर से बबल सॉल्यूशन खरीद सकते हैं या पानी और डिश सोप का उपयोग करके अपना खुद का बना सकते हैं।

• छड़ी को डुबोएँ: छड़ी को बुलबुले के घोल में डुबोएँ, यह सुनिश्चित कर लें कि छड़ी का पूरा सिरा घोल से लेपित है।

• धीरे से फूँकें: बुलबुले बनाने के लिए छड़ी को अपने मुँह के पास रखें और धीरे से फूँकें। विभिन्न आकारों और आकृतियों के बुलबुले बनाने के लिए विभिन्न उड़ाने की तकनीकों के साथ प्रयोग करें।

• देखें और आनंद लें: बुलबुले हवा में तैरते हुए, प्रकाश को प्रतिबिंबित करते हुए और इंद्रधनुषी रंगों से झिलमिलाते हुए देखें। बुलबुले की सुंदरता और सादगी की सराहना करने के लिए कुछ समय निकालें।

• बुलबुले फोड़ें: जैसे ही बुलबुले आपके चारों ओर तैरते हैं, बाहर निकलें और उन्हें अपनी उँगलियों से धीरे से फोड़ें। संतोषजनक पॉप ध्वनि सुनें और प्रत्येक बुलबुले के क्षणभंगुर क्षण का आनंद लें।

अंतिम समाधान

बुलबुलों के साथ खेलना दुःख से उबरने और चंचलता और आश्चर्य की खुशी को फिर से खोजने का एक शानदार तरीका है। बुलबुले उड़ाने और उन्हें हवा में तैरते देखने के लिए समय निकालकर, आप अपने दिमाग को आराम दे सकते हैं, अपनी आत्माओं को ऊपर उठा सकते हैं और अपने दिन में हल्कापन महसूस कर सकते हैं। तो, क्यों न आज बुलबुले के साथ खेलने के लिए कुछ समय निकाला जाए? चाहे आप युवा हों या दिल से युवा, बुलबुले के साथ खेलना एक आनंददायक और उत्साहवर्धक अनुभव हो सकता है जो आपको जीवन की सुंदरता और जादू की याद दिलाता है।

41

स्क्रैपबुक बनाना

स्क्रैपबुक बनाना एक सार्थक और रचनात्मक गतिविधि है जो आपको दुःख से उबरने और अनमोल यादों को संजोने में मदद कर सकती है।

स्क्रैपबुक बनाना क्या है?

स्क्रैपबुक बनाने में एक सजावटी एल्बम या पुस्तक में तस्वीरें, स्मृति चिह्न और अन्य यादगार चीजें संकलित करना शामिल है। स्क्रैपबुकिंग आपको यादों को मूर्त और वैयक्तिकृत तरीके से संरक्षित करने की अनुमति देता है, जिससे यह आने वाले वर्षों के लिए एक यादगार स्मृति चिह्न बन जाता है।

स्क्रैपबुक बनाना क्यों महत्त्वपूर्ण है?

स्क्रैपबुक बनाना कई कारणों से महत्त्वपूर्ण है। सबसे पहले और सबसे महत्त्वपूर्ण, यह आपको अपने जीवन में विशेष क्षणों और मील के पत्थर को प्रतिबिंबित करने और जश्न मनाने की अनुमति देता है। स्क्रैपबुक बनाने की प्रक्रिया चिकित्सीय भी हो सकती है, क्योंकि यह आपको कला के माध्यम से अपनी रचनात्मकता और भावनाओं को व्यक्त करने की अनुमति देती है। इसके अतिरिक्त, स्क्रैपबुक को देखने से पुरानी यादों

और कृतज्ञता की भावनाएँ जागृत हो सकती हैं, जो आपकी आत्माओं को ऊपर उठाने और आपके समग्र कल्याण में सुधार करने में मदद कर सकती हैं।

स्क्रैपबुक कैसे बनाएँ?

स्क्रैपबुक बनाना एक रचनात्मक और फायदेमंद प्रक्रिया है। आरंभ करने में आपकी सहायता के लिए यहाँ कुछ चरण दिए गए हैं:

• अपनी सामग्री इकट्ठा करें: अपनी स्क्रैपबुकिंग सामग्री इकट्ठा करके शुरुआत करें, जिसमें एक एल्बम या किताब, तस्वीरें, स्मृति चिह्न, सजावटी कागज, स्टिकर और गोंद शामिल है।

• एक थीम चुनें: अपनी स्क्रैपबुक के लिए एक थीम तय करें, जैसे कि आपके जीवन की कोई विशिष्ट घटना, यात्रा या अवधि। यह आपकी स्क्रैपबुक को एक सामंजस्यपूर्ण और व्यवस्थित रूप देने में मदद करेगा।

• अपनी तस्वीरें व्यवस्थित करें: अपनी स्क्रैपबुक के पन्नों पर अपनी तस्वीरें व्यवस्थित करके शुरुआत करें। आप उन्हें पृष्ठों से जोड़ने के लिए गोंद का उपयोग कर सकते हैं या उन्हें रखने के लिए जेब बना सकते हैं।

• स्मृति चिह्न जोड़ें: एक बार जब आप अपनी तस्वीरें व्यवस्थित कर लें, तो अपनी स्क्रैपबुक को बेहतर बनाने के लिए स्मृति चिह्न और अन्य यादगार वस्तुए, जैसे टिकट स्टब्स, पोस्टकार्ड और नोट्स जोड़ें।

• अपने पन्ने सजाएँ: अपने पन्ने सजाने और अपनी स्क्रैपबुक में दृश्य रुचि जोड़ने के लिए सजावटी कागज, स्टिकर और अन्य अलंकरणों का उपयोग करें।

• अपने विचारों को जर्नल करें: अंत में, आपने अपनी स्क्रैपबुक में जो तस्वीरें और स्मृति चिह्न शामिल किए हैं, उनके बारे में अपने विचारों और भावनाओं को जर्नल करें। यह एक व्यक्तिगत स्पर्श जोड़ देगा और आपको प्रत्येक आइटम के महत्त्व को याद रखने में मदद करेगा।

अंतिम समाधान

स्क्रैपबुक बनाना दुःख से उबरने और उन क्षणों और यादों का जश्न मनाने का एक सुंदर तरीका है जो आपको खुशी देते हैं। स्क्रैपबुक बनाने के लिए समय निकालकर, आप अपने जीवन के सकारात्मक पहलुओं पर विचार कर सकते हैं और आपके द्वारा अनुभव की गई खुशी का एक वास्तविक अनुस्मारक बना सकते हैं। तो, क्यों न अपनी तस्वीरें और स्मृतिचिह्न इकट्ठा करके आज ही एक स्क्रैपबुक बनाना शुरू कर दिया जाए? चाहे आप किसी विशेष घटना का दस्तावेजीकरण कर रहे हों या बस रोजमर्रा के क्षणों को कैद कर रहे हों, स्क्रैपबुक बनाना एक संतुष्टिदायक और उत्थानकारी अनुभव हो सकता है जो आपको जीवन की सुंदरता की सराहना करने में मदद करता है।

42

किसी की मदद करना

किसी की मदद करना दुःख से उबरने और अपने जीवन में अर्थ और उद्देश्य खोजने का एक शक्तिशाली तरीका है।

किसी की मदद करना क्या है?

किसी की मदद करने में जरूरतमंद लोगों की ओर मदद का हाथ बढ़ाना शामिल है, चाहे वह दयालुता के कार्यों के माध्यम से हो, स्वयंसेवा के माध्यम से हो, या समर्थन और सहायता की पेशकश के माध्यम से हो। दूसरों की मदद करके, आप न केवल उनके जीवन को बेहतर बनाते हैं बल्कि अपने जीवन को भी सार्थक तरीकों से समृद्ध करते हैं।

किसी की मदद करना क्यों महत्त्वपूर्ण है?

किसी की मदद करना कई कारणों से महत्त्वपूर्ण है। सबसे पहले और सबसे महत्त्वपूर्ण, यह आपको दूसरों के जीवन पर सकारात्मक प्रभाव डालने और अपने समुदाय की भलाई में योगदान करने की अनुमति देता है। इसके अतिरिक्त, दूसरों की मदद करने से आपका ध्यान अपने दुःखों

से हटकर दूसरों की जरूरतों पर केंद्रित हो सकता है, जो अविश्वसनीय रूप से चिकित्सीय हो सकता है। किसी की मदद करने से आपको अपनी समस्याओं और चुनौतियों पर परिप्रेक्ष्य हासिल करने में मदद मिल सकती है, और यह एहसास हो सकता है कि कठिनाइयों का सामना करने में आप अकेले नहीं हैं।

किसी की मदद कैसे करें?

किसी की मदद करने के कई रूप हो सकते हैं और किसी के जीवन में बदलाव लाने के अनगिनत तरीके हैं। आरंभ करने में आपकी सहायता के लिए यहाँ कुछ उपाय दिए गए हैं:

• स्वयंसेवकः अपना समय और कौशल किसी ऐसे उद्देश्य या संगठन के लिए समर्पित करें जो आपके लिए सार्थक हो। चाहे वह स्थानीय रसोई, पशु आश्रय, या सामुदायिक केंद्र में स्वयंसेवा करना हो, आपके प्रयास दूसरों के जीवन में बड़ा बदलाव ला सकते हैं।

• दयालुता के कार्य करें: अपने आस-पास के लोगों के लिए दयालुता के कार्य करें, जैसे किसी के लिए दरवाजा खुला रखना, किसी की चाय/ कॉफी के लिए भुगतान करना, या किसी मित्र या अजनबी के लिए एक दयालु नोट छोड़ना।

• सहायता प्रदान करें: उन लोगों को अपना समर्थन और सहायता प्रदान करें जो कठिन समय से गुजर रहे हैं। इसमें सुनने की क्षमता प्रदान करना, व्यावहारिक सहायता प्रदान करना, या बस किसी जरूरतमंद के लिए मौजूद रहना शामिल हो सकता है।

• दान करें: अपना पैसा या सामान धर्मार्थ संगठनों या जरूरतमंद व्यक्तियों को दान करें। आपका दान उन लोगों को आवश्यक संसाधन और सहायता प्रदान करने में मदद कर सकता है जिन्हें इसकी सबसे अधिक आवश्यकता है।

• सकारात्मकता फैलाएँ: आप जहाँ भी जाएँ सकारात्मकता और दयालुता फैलाएँ। आपके सकारात्मक दृष्टिकोण और कार्यों का व्यापक प्रभाव हो सकता है, जो दूसरों को भी ऐसा करने के लिए प्रेरित कर सकता

है।

अंतिम समाधान

किसी की मदद करना दुःख का एक शक्तिशाली उपाय है, क्योंकि यह आपको अपना ध्यान अपनी समस्याओं से हटाकर दूसरों की जरूरतों पर केंद्रित करने की अनुमति देता है। किसी की मदद करके, आप अपने आस-पास की दुनिया पर सकारात्मक प्रभाव डाल सकते हैं और अपने जीवन में अर्थ और उद्देश्य पा सकते हैं। तो, क्यों न आज ही एक पल निकालकर किसी और तक पहुँचें और उसकी मदद करें? चाहे वह स्वयंसेवा के माध्यम से हो, दयालुता के कार्य करना हो, या जरूरतमंद लोगों को सहायता प्रदान करना हो, आपके प्रयास दूसरों के जीवन में बड़ा बदलाव ला सकते हैं और आपको तृप्ति और खुशी का एहसास दिला सकते हैं।

43

प्रेरणादायक पुस्तकें और उद्धरण पढ़ना

प्रेरक पुस्तकें और उद्धरण हमारी आत्माओं को ऊपर उठाने, हमें महानता के लिए प्रेरित करने और हमें आशा और उद्देश्य की भावना प्रदान करने की शक्ति रखते हैं।

प्रेरणादायक पुस्तकें और उद्धरण पढ़ना क्या है?

प्रेरणादायक किताबें और उद्धरण पढ़ने में खुद को उस साहित्य में डुबो देना शामिल है जो हमें प्रेरित, प्रोत्साहित और प्रबुद्ध करता है। यह उन शब्दों और विचारों को खोजने के बारे में है जो हमारी अपनी मान्यताओं और मूल्यों से मेल खाते हैं, और उनका उपयोग हमें अपनी यात्राओं में मार्गदर्शन और प्रेरित करने के लिए करते हैं।

प्रेरणादायक पुस्तकें और उद्धरण पढ़ना क्यों महत्त्वपूर्ण है?

प्रेरणादायक सामग्री पढ़ना कई कारणों से महत्त्वपूर्ण है। सबसे पहले और सबसे महत्त्वपूर्ण, यह हमें अपना दृष्टिकोण बदलने और दुनिया को एक

नई रोशनी में देखने में मदद कर सकता है। प्रेरणादायक किताबें और उद्धरण हमें अलग तरह से सोचने, नई संभावनाओं पर विचार करने और अपने और अपने आस-पास की दुनिया के बारे में हमारी समझ का विस्तार करने की चुनौती दे सकते हैं।

इसके अतिरिक्त, प्रेरणादायक सामग्री पढ़ने से हमें आराम और आश्वासन की भावना मिल सकती है, खासकर कठिन समय के दौरान। प्रेरणादायक किताबें और उद्धरण हमें याद दिला सकते हैं कि हम अपने संघर्षों में अकेले नहीं हैं, और दूसरों ने भी इसी तरह की चुनौतियों का सामना किया है और जीत हासिल की है।

प्रेरणादायक पुस्तकें और उद्धरण कैसे पढ़ें?

प्रेरणादायक किताबें और उद्धरण पढ़ना एक व्यक्तिगत और निजी अभ्यास है, लेकिन कुछ सामान्य दिशानिर्देश हैं जो आपको आरंभ करने में मदद कर सकते हैं:

• ऐसी किताबें और उद्धरण चुनें जो आपके अनुरूप हों: ऐसी किताबें और उद्धरण खोजें जो आपके अपने विश्वासों, मूल्यों और लक्ष्यों के बारे में बात करते हों। चाहे वह एक संस्मरण हो, एक स्व-सहायता पुस्तक हो, या उद्धरणों का संग्रह हो, ऐसी सामग्री ढूँढें जो आपको प्रेरित और प्रोत्साहित करे।

• पढ़ने के लिए समय निर्धारित करें: प्रेरणादायक सामग्री पढ़ने के लिए नियमित समय निर्धारित करें। चाहे आपका दिन शुरू होने से पहले सुबह हो, या शाम को सोने से पहले, पढ़ने के लिए समर्पित समय निर्धारित करने से आपको इसे एक नियमित आदत बनाने में मदद मिल सकती है।

• आप जो पढ़ते हैं उस पर चिंतन करें: जो किताबें और उद्धरण आप पढ़ते हैं उन पर चिंतन करने के लिए समय निकालें। विचार करें कि वे आपके जीवन पर कैसे लागू होते हैं, और आप उनके पाठों को अपनी दैनिक दिनचर्या में कैसे शामिल कर सकते हैं।

• जो आपको प्रेरित करता है उसे साझा करें: जो किताबें और उद्धरण आपको प्रेरित करते हैं उन्हें दूसरों के साथ साझा करें। चाहे वह बातचीत के माध्यम से हो, सोशल मीडिया के माध्यम से, या किसी पुस्तक क्लब के माध्यम से, जो चीज आपको प्रेरित करती है उसे साझा करने से दूसरों को भी प्रेरित करने में मदद मिल सकती है।

अंतिम समाधान

प्रेरक पुस्तकें और उद्धरण पढ़ना हमारे जीवन में प्रेरणा, प्रेरणा और मार्गदर्शन पाने का एक शक्तिशाली तरीका हो सकता है। खुद को ऐसे साहित्य में डुबो कर जो हमारा उत्थान और ज्ञानवर्धन करता है, हम सकारात्मकता और संभावना की मानसिकता विकसित कर सकते हैं। तो, प्रेरणादायक साहित्य की दुनिया का पता लगाने के लिए समय क्यों न निकालें और देखें कि यह आपको कहाँ ले जाता है?

44

विजुअलाइजेशन तकनीकों का अभ्यास करना

हमारे व्यस्त और अक्सर अराजक जीवन के बीच, शांति और सुकून के क्षण ढूँढना चुनौतीपूर्ण हो सकता है। हालाँकि, शांति और विश्राम की भावना पैदा करने का एक शक्तिशाली तरीका विजुअलाइजेशन तकनीकों के माध्यम से है।

विजुअलाइजेशन क्या है?

विजुअलाइजेशन एक ऐसी तकनीक है जिसमें हमारे दिमाग में मानसिक चित्र या दृश्य बनाना शामिल है। यह निर्देशित कल्पना का एक रूप है जो हमें किसी विशिष्ट स्थान या स्थिति में स्वयं की कल्पना करने की अनुमति देता है। इन मानसिक छवियों पर ध्यान केंद्रित करके, हम शक्तिशाली भावनाओं और संवेदनाओं को जागृत कर सकते हैं जो हमें विश्राम करने और आराम करने में मदद कर सकती हैं।

विजुअलाइजेशन क्यों महत्त्वपूर्ण है?

विजुअलाइजेशन कई कारणों से महत्त्वपूर्ण है। सबसे पहले और सबसे महत्त्वपूर्ण, यह हमें तनाव और चिंता को कम करने में मदद कर सकता है। जब हम अपने आप की एक शांतिपूर्ण जगह पर कल्पना करते हैं, तो हमारा शरीर आराम करके और तनाव मुक्त होकर प्रतिक्रिया करता है। इसके अतिरिक्त, विजुअलाइजेशन हमें अराजकता के बीच भी, आंतरिक शांति और सुकून की भावना पैदा करने में मदद कर सकता है।

विजुअलाइजेशन तकनीकों का अभ्यास कैसे करें?

विजुअलाइजेशन तकनीकों का अभ्यास करना सरल है और इसे कहीं भी, किसी भी समय किया जा सकता है। आरंभ करने के लिए यहाँ कुछ चरण दिए गए हैं:

• एक शांत जगह ढूँढें: एक शांत और आरामदायक जगह ढूँढने से शुरुआत करें जहाँ आपको कोई परेशानी न हो। आराम की स्थिति में बैठें या लेटें और अपनी आँखें बंद कर लें।

• गहरी साँसें: अपने शरीर को आराम देने और अपने दिमाग को साफ करने के लिए कुछ गहरी साँसें लें। अपनी नाक से गहरी साँस लें, एक पल के लिए रोकें और फिर अपने मुँह से धीरे-धीरे साँस छोड़ें। जब तक आप शांत और केंद्रित महसूस न करें तब तक इसे कई बार दोहराएँ।

• अपने शांतिपूर्ण स्थान की कल्पना करें: अपने आप को एक शांतिपूर्ण स्थान पर कल्पना करना शुरू करें। यह एक समुद्र तट, एक जंगल, एक पहाड़ या कहीं और हो सकता है जो आपको शांति और विश्राम की अनुभूति देता है। इस स्थान के दृश्यों, ध्वनियों और गंधों का सजीव चित्रण करें।

• अपनी इंद्रियों को शामिल करें: जैसे ही आप अपने शांतिपूर्ण स्थान की कल्पना करते हैं, अनुभव को और अधिक उज्ज्वल बनाने के लिए अपनी इंद्रियों को शामिल करें। अपने आस-पास के रंगों, बनावट और

आकृतियों पर ध्यान दें। प्रकृति की आवाज सुनें - पत्तों की सरसराहट, पक्षियों की चहचहाहट, किनारे पर टकराती लहरों की आवाज। अपनी त्वचा पर सूरज की गर्मी, या अपने चेहरे पर ठंडी हवा महसूस करें।

• वर्तमान में रहें: वर्तमान में रहने और अपने विजुअलाइजेशन पर ध्यान केंद्रित करने का प्रयास करें। यदि आपका मन भटकने लगे, तो धीरे से अपना ध्यान वापस अपने शांतिपूर्ण स्थान पर लाएँ और अपने आप को अनुभव में डुबोते रहें।

अंतिम समाधान

शांतिपूर्ण जगह की कल्पना करने के लिए विजुअलाइजेशन तकनीकों का अभ्यास करना हमारे जीवन में विश्राम और शांति पाने का एक शक्तिशाली तरीका हो सकता है। शांत और सहम वातावरण की मानसिक छवियाँ बनाकर, हम अपने भीतर शांति और संतुष्टि की शक्तिशाली भावनाएँ पैदा कर सकते हैं। तो, क्यों न हर दिन कुछ पल निकालकर विजुअलाइजेशन का अभ्यास करें और अपने आप को एक शांतिपूर्ण जगह पर कल्पना करें? अभ्यास से, आप आंतरिक शांति और शांति की भावना पैदा कर सकते हैं जो आपको जीवन की चुनौतियों को अनुग्रह और आसानी से पार करने में मदद करेगी।

45

रेत से खेलना

रेत से खेलना एक सरल लेकिन चिकित्सीय गतिविधि है जो आपको दुःख से उबरने और तनाव कम करने में मदद कर सकती है।

रेत से खेलना क्या है?

रेत से खेलने में रचनात्मक खेल और विश्राम के माध्यम के रूप में रेत का उपयोग करना शामिल है। चाहे आप समुद्र तट पर हों, सैंडबॉक्स में हों, या घर के अंदर रेत की एक छोटी ट्रे का उपयोग कर रहे हों, रेत से खेलना एक सुखद और सरल अनुभव हो सकता है।

रेत से खेलना क्यों महत्त्वपूर्ण है?

रेत से खेलना कई कारणों से महत्त्वपूर्ण है। सबसे पहले और सबसे महत्त्वपूर्ण, यह तनाव और चिंता को कम करने में मदद कर सकता है। रेत में अपनी उँगलियाँ चलाने की स्पर्शनीय अनुभूति अविश्वसनीय रूप से शांत करने वाली और मजबूत करने वाली हो सकती है। इसके अतिरिक्त, रेत से खेलना आपकी रचनात्मकता और कल्पना को उत्तेजित कर सकता है, जिससे आपको आराम में मदद मिलेगी।

रेत से कैसे खेलें?

रेत से खेलना एक सरल और बहुमुखी गतिविधि है। रेत से खेलने के कुछ तरीके यहाँ दिए गए हैं:

• संवेदी खेलः रेत की बनावट का पता लगाने के लिए अपने हाथों का उपयोग करें। अपनी उँगलियों को रेत में चलाएँ, उसकी कोमलता को महसूस करें, और अपनी उँगलियों से रेत के कणों के फिसलने की अनुभूति का आनंद लें।

• रेत के महल बनानाः रेत के महल और अन्य संरचनाएँ बनाने के लिए साँचों या बस अपने हाथों का उपयोग करें। रचनात्मक बनें और देखें कि आप रेत से क्या बना सकते हैं।

• रेत में चित्र बनानाः रेत में पैटर्न, आकार बनाने या संदेश लिखने के लिए एक छड़ी या अपनी उँगलियों का उपयोग करें। यह एक आरामदायक और ध्यानपूर्ण गतिविधि हो सकती है।

• पानी मिलानाः यदि आप समुद्र तट पर हैं, तो रेत में पानी मिलाने से अधिक ढलने योग्य बनावट बन सकती है, जिससे आप अधिक जटिल डिजाइन बना सकते हैं।

? रेत के खिलौनों के साथ खेलनाः एक मिनी सैंडबॉक्स साहसिक कार्य बनाने के लिए फावड़े, बाल्टी और अन्य रेत के खिलौनों का उपयोग करें। कल्पना करें कि आप खजाने की खोज में हैं या रेत का शहर बना रहे हैं।

अंतिम समाधान

रेत से खेलना दुःख से उबरने और शांति व विश्राम पाने का एक सरल लेकिन प्रभावी तरीका है। रेत के साथ खेलने के लिए समय निकालकर, आप तनाव कम कर सकते हैं, अपनी रचनात्मकता को उत्तेजित कर सकते हैं और अपने दिन में शांति के एक पल का आनंद ले सकते हैं। तो, क्यों न आज रेत से खेलने के लिए कुछ समय निकाला जाए? चाहे आप समुद्र तट पर हों या घर के अंदर रेत की एक ट्रे का उपयोग कर रहे हों,

रेत से खेलना एक सुखदायक और आनंददायक अनुभव हो सकता है जो आपको वर्तमान क्षण में आनंद खोजने में मदद करता है।

46

हवा को सुनना

हवा को सुनना एक शांत और जमीनी अनुभव है जो आपको दुःख से उबरने और वर्तमान क्षण में शांति पाने में मदद कर सकता है।

हवा को सुनना क्या है?

हवा को सुनने में हवा की आवाज पर ध्यान देना शामिल है क्योंकि यह पेड़ों से सरसराती है, इमारतों से टकराती है, या खुली जगहों से सीटी बजाती है। हवा की आवाज उसकी तीव्रता और वातावरण के आधार पर सुखदायक और स्फूर्तिदायक दोनों हो सकती है।

हवा की आवाज सुनना क्यों महत्त्वपूर्ण है?

हवा को सुनना कई कारणों से महत्त्वपूर्ण है। सबसे पहले और सबसे महत्त्वपूर्ण, यह आपको प्रकृति और अपने आस-पास की दुनिया से अधिक जुड़ाव महसूस करने में मदद कर सकता है। हवा की आवाज आपके मन और शरीर पर शांत प्रभाव डाल सकती है, जिससे आपको तनाव और चिंता कम करने में मदद मिलती है। इसके अतिरिक्त, हवा को सुनने से आपको प्रकृति की सुंदरता और शक्ति की सराहना करने में मदद मिल सकती है, जो आराम और प्रेरणा का स्रोत हो सकता है।

हवा की आवाज कैसे सुनें?

हवा को सुनना एक सरल लेकिन गहन अनुभव है। हवा को ध्यान से सुनने में आपकी मदद के लिए यहाँ कुछ कदम दिए गए हैं:

• एक शांत बाहरी स्थान ढूँढें: हवा को सुनने के लिए, एक शांत बाहरी स्थान ढूँढें जहाँ आप बिना ध्यान भटकाए हवा की आवाज सुन सकें। यह कोई पार्क, बगीचा या आपके घर का पिछवाड़ा भी हो सकता है।

• अपनी आँखें बंद करें और ध्यान केंद्रित करें: अपनी आँखें बंद करें और हवा की आवाज पर ध्यान केंद्रित करें। सुनें कि यह पेड़ों के बीच से कैसे गुजरती है, इमारतों से टकराती है, या हवा में पैटर्न बनाती है।

• अपनी साँस पर ध्यान दें: जैसे आप हवा को सुनते हैं, वैसे ही अपनी साँस पर भी ध्यान दें। ध्यान दें कि आपकी साँस हवा की लय के साथ कैसे तालमेल बिठाती है, और यह संबंध आपको कैसे अधिक जमीनी और वर्तमान महसूस कराता है।

• पल को गले लगाओः अपने आप को उस पल और हवा को सुनने के अनुभव को पूरी तरह से अपनाने की अनुमति दें। किसी भी चिंता या व्याकुलता को छोड़ दें, और बस हवा की आवाज के साथ उपस्थित रहें।

अंतिम समाधान

हवा की आवाज सुनना दुःख को दूर करने और शांति और सुकून पाने का एक सरल लेकिन शक्तिशाली तरीका है। हवा को सुनने के लिए समय निकालकर, आप प्रकृति से अधिक जुड़ाव महसूस कर सकते हैं, तनाव और चिंता को कम कर सकते हैं और अपने दिन में शांति के एक पल का आनंद ले सकते हैं। तो, आज हवा को सुनने के लिए एक क्षण क्यों न निकालें? चाहे आप किसी हलचल भरे शहर में हों या शांत ग्रामीण इलाके में, हवा को सुनना एक सुखदायक और तरोताजा करने वाला अनुभव हो सकता है जो आपको प्राकृतिक दुनिया की सुंदरता में सांत्वना खोजने में मदद करता है।

47

मिट्टी के बर्तनों पर चित्रकारी करना

मिट्टी के बर्तनों पर चित्रकारी एक रचनात्मक और चिकित्सीय गतिविधि है जो आपको दुःख से उबरने और कला के माध्यम से अपनी भावनाओं को व्यक्त करने में मदद कर सकती है।

मिट्टी के बर्तनों की चित्रकारी क्या है?

मिट्टी के बर्तनों की चित्रकारी में एक अद्वितीय और वैयक्तिकृत डिजाइन बनाने के लिए मिट्टी के बर्तनों के एक टुकड़े को पेंट या ग्लेज से सजाना शामिल है। चाहे आप मग, प्लेट, फूलदान, या मूर्ति को चित्रित कर रहे हों, मिट्टी के बर्तनों की चित्रकारी आपको अपनी रचनात्मकता को उजागर करने और कला का एक सुंदर काम बनाने की अनुमति देती है।

मिट्टी के बर्तनों पर चित्रकारी क्यों महत्त्वपूर्ण है?

मिट्टी के बर्तनों पर चित्रकारी कई कारणों से महत्त्वपूर्ण है। सबसे पहले और सबसे महत्त्वपूर्ण, यह एक चिकित्सीय और आरामदायक गतिविधि

हो सकती है। पेंटिंग का कार्य आपको अपनी भावनाओं को व्यक्त करने और तनाव से राहत दिलाने में मदद कर सकता है। इसके अतिरिक्त, मिट्टी के बर्तनों की पेंटिंग आपको कुछ सुंदर और सार्थक बनाने की अनुमति देती है, जो आपके आत्म-सम्मान और उपलब्धि की भावना को बढ़ा सकती है।

मिट्टी के बर्तनों को कैसे चित्रित करें?

मिट्टी के बर्तनों पर चित्रकारी करना एक मजेदार और रचनात्मक प्रक्रिया है। मिट्टी के बर्तनों को रँगने में आपकी मदद के लिए यहाँ कुछ चरण दिए गए हैं:

• अपना मिट्टी का बर्तन चुनें: चित्रकारी के लिए मिट्टी के बर्तन का एक टुकड़ा चुनकर शुरुआत करें। यह एक मग, प्लेट, कटोरा, फूलदान, या कोई अन्य सिरेमिक वस्तु हो सकती है।

• अपना पेंट चुनें: विभिन्न रंगों में विभिन्न प्रकार के सिरेमिक पेंट चुनें। सुनिश्चित करें कि पेंट उस प्रकार के मिट्टी के बर्तनों के अनुकूल हैं जिन्हें आप चित्रित कर रहे हैं।

• अपने डिजाइन की योजना बनाएँ: चित्रकारी शुरू करने से पहले, अपने डिजाइन की योजना बनाएँ। आप अपना डिजाइन पहले कागज पर बना सकते हैं या पेंसिल से सीधे मिट्टी के बर्तनों पर स्केच कर सकते हैं।

• अपने मिट्टी के बर्तनों को चित्रित करें: एक छोटे पेंटब्रश का उपयोग करके, मिट्टी के बर्तनों पर अपने डिजाइन को सावधानीपूर्वक चित्रित करें। गहराई और बनावट बनाने के लिए आप विभिन्न रंगों और तकनीकों का उपयोग कर सकते हैं।

• सूखने दें: एक बार जब आप चित्रकारी पूरी कर लें, तो मिट्टी के बर्तनों को पूरी तरह सूखने दें। आप जिस प्रकार के पेंट का उपयोग कर रहे हैं उसके आधार पर इसमें कई घंटे या रात भर का समय लग सकता है।

• वैकल्पिकः यदि आप चाहें, तो आप पेंट को सील करने और मिट्टी के बर्तनों को चमकदार फिनिश देने के लिए साफ शीशे की एक परत जोड़ सकते हैं। सर्वोत्तम परिणामों के लिए ग्लेज पर दिए गए निर्देशों का पालन करें।

अंतिम समाधान

मिट्टी के बर्तनों पर चित्रकारी एक रचनात्मक और चिकित्सीय गतिविधि है जो आपको दुःख से उबरने और कला के माध्यम से अपनी भावनाओं को व्यक्त करने में मदद कर सकती है। मिट्टी के बर्तनों को चित्रित करने के लिए समय निकालकर, आप आराम कर सकते हैं, आराम कर सकते हैं और कुछ सुंदर और सार्थक बना सकते हैं। तो, क्यों न आज ही मिट्टी के बर्तनों पर चित्रकारी करने का प्रयास किया जाए? चाहे आप अकेले चित्रकारी कर रहे हों या दोस्तों के साथ, मिट्टी के बर्तनों पर चित्रकारी करना एक मजेदार और फायदेमंद अनुभव हो सकता है जो आपको रचनात्मक प्रक्रिया में आनंद खोजने में मदद करता है।

48

जर्नल लिखना

दुःख पर काबू पाने और अपनी भावनाओं को प्रबंधित करने के लिए जर्नल लिखना एक शक्तिशाली उपकरण है।

जर्नल लिखना क्या है?

जर्नल लिखने में नियमित रूप से अपने विचारों, भावनाओं और अनुभवों को एक नोटबुक या डिजिटल दस्तावेज में रिकॉर्ड करना शामिल है। जर्नलिंग आपको अपनी भावनाओं और अनुभवों को प्रतिबिंबित करने, अपने विचारों में अंतर्दृष्टि प्राप्त करने और समय के साथ अपने व्यक्तिगत विकास को ट्रैक करने की अनुमति देती है।

जर्नल लिखना क्यों महत्त्वपूर्ण है?

जर्नल लिखना कई कारणों से महत्त्वपूर्ण है। सबसे पहले और सबसे महत्त्वपूर्ण, यह आपको अपनी भावनाओं को संसाधित करने और अपने अनुभवों को समझने में मदद कर सकता है। अपने विचारों और भावनाओं को शब्दों में बयां करके आप अपने बारे में और अपनी स्थिति के बारे में गहरी समझ हासिल कर सकते हैं। इसके अतिरिक्त, जर्नलिंग तनाव और चिंता को कम करने, आपके मूड को बेहतर बनाने और

आपके समग्र कल्याण को बढ़ाने में मदद कर सकती है।

जर्नल कैसे लिखें?

जर्नल लिखना एक सरल और व्यक्तिगत प्रक्रिया है। आरंभ करने में आपकी सहायता के लिए यहाँ कुछ चरण दिए गए हैं:

• एक जर्नल चुनें: लिखने के लिए एक जर्नल या नोटबुक चुनकर शुरुआत करें। यदि आप डिजिटल रूप से लिखना पसंद करते हैं तो आप डिजिटल जर्नलिंग ऐप का भी उपयोग कर सकते हैं।

• समय अलग रखें: अपनी पत्रिका में लिखने के लिए हर दिन कुछ मिनट अलग रखें। यह सुबह, सोने से पहले, या कोई अन्य समय हो सकता है जो आपके लिए उपयुक्त हो।

• स्वतंत्र रूप से लिखें: जब आप लिखना शुरू करें तो अपने विचारों को स्वतंत्र रूप से प्रवाहित होने दें। वर्तनी या व्याकरण के बारे में चिंता न करें - जो मन में आए उसे लिखें।

• अपनी भावनाओं को व्यक्त करें: अपनी भावनाओं को ईमानदारी से और खुले तौर पर व्यक्त करने के लिए अपनी पत्रिका का उपयोग एक स्थान के रूप में करें। आप क्या महसूस कर रहे हैं, आप ऐसा क्यों महसूस कर रहे हैं, और आपके पास जो भी विचार या अंतर्दृष्टि है उसके बारे में लिखें।

• अपनी प्रविष्टियों पर विचार करें: समय-समय पर, अपनी जर्नल प्रविष्टियों पर विचार करने के लिए कुछ समय निकालें। उभरने वाले किसी भी पैटर्न या थीम पर ध्यान दें और सोचें कि समय के साथ आपके विचार और भावनाएँ कैसे विकसित हुई हैं।

अंतिम समाधान

दुःख पर काबू पाने और अपनी भावनाओं को प्रबंधित करने के लिए जर्नल लिखना एक शक्तिशाली उपकरण है। नियमित रूप से लिखने के लिए समय निकालकर, आप अपने विचारों और भावनाओं में अंतर्दृष्टि

प्राप्त कर सकते हैं, तनाव और चिंता को कम कर सकते हैं और कठिन समय में स्पष्टता और शांति पा सकते हैं। तो, क्यों न आज ही एक पत्रिका शुरू की जाए? चाहे आप नोटबुक में लिखना पसंद करते हों या डिजिटल रूप से, जर्नलिंग एक चिकित्सीय और सशक्त अभ्यास हो सकता है जो आपको जीवन की चुनौतियों को अधिक लचीलेपन और आत्म-जागरूकता के साथ नेविगेट करने में मदद करता है।

49

तितली देखना

तितली को हवा में खूबसूरती से लहराते हुए देखना एक मंत्रमुग्ध कर देने वाला और शांति देने वाला अनुभव है।

तितली देखना क्या है?

तितली को देखने में इन नाजुक प्राणियों को देखना शामिल है जब वे हवा में एक फूल से दूसरे फूल की ओर उड़ते हैं। तितलियाँ अपने जीवंत रंगों और सुंदर गतिविधियों के लिए जानी जाती हैं, जिससे उन्हें देखना आनंदमय हो जाता है।

तितली देखना क्यों महत्त्वपूर्ण है?

तितली को देखना कई कारणों से महत्त्वपूर्ण है। सबसे पहले और सबसे महत्त्वपूर्ण, यह एक सुखदायक और ध्यानपूर्ण अनुभव हो सकता है। तितली की हल्की फड़फड़ाहट आपके दिमाग को शांत करने और तनाव को कम करने में मदद कर सकती है। इसके अतिरिक्त, तितलियों को देखने से आपको प्रकृति और अपने आस-पास की दुनिया से अधिक जुड़ाव महसूस करने में मदद मिल सकती है, जिससे आपकी समग्र भलाई में सुधार हो सकता है।

तितली कैसे देखें?

तितली देखना एक सरल और आनंददायक गतिविधि है। आरंभ करने में आपकी सहायता के लिए यहाँ कुछ चरण दिए गए हैं:

• एक शांत बाहरी स्थान ढूँढें: तितलियों को देखने के लिए, एक शांत बाहरी स्थान ढूँढें जहाँ आपको उन्हें देखने की संभावना हो। यह एक बगीचा, पार्क या घास का मैदान हो सकता है।

• धैर्य रखें: तितलियाँ मायावी प्राणी हो सकती हैं, इसलिए धैर्यवान और चौकस रहें। रंग की किसी भी हलचल या चमक के लिए अपनी आँखें खुली रखें।

• धीरे-धीरे जाएँ: यदि आप तितली देखते हैं, तो धीरे-धीरे और चुपचाप उसके पास जाएँ। कोशिश करें कि कोई भी अचानक ऐसी हरकत न करें जिससे वह चौंक जाए।

• बारीकी से निरीक्षण करें: एक बार जब आप तितली के करीब हों, तो उसे करीब से देखने के लिए समय निकालें। इसके रंग, पैटर्न और चाल पर ध्यान दें। इसे रस पीते हुए एक फूल से दूसरे फूल की ओर उड़ते हुए देखें।

• स्थिर रहें: तितली को डराने से बचाने के लिए, उसे देखते समय स्थिर और शांत रहें। उस क्षण और आपके सामने प्रकट हो रही प्रकृति की सुंदरता का आनंद लें।

अंतिम समाधान

तितली को देखना दुःख से उबरने और वर्तमान क्षण में शांति और खुशी पाने का एक सरल लेकिन गहरा तरीका है। इन खूबसूरत प्राणियों को देखने के लिए समय निकालकर, आप प्रकृति से जुड़ सकते हैं, तनाव कम कर सकते हैं और आश्चर्य और विस्मय की भावना का अनुभव कर सकते हैं। तो, क्यों न आज एक क्षण निकालकर तितली को देखा जाए? चाहे आप किसी बगीचे, पार्क या घास के मैदान में हों, तितली को देखना

एक शांतिपूर्ण और उत्थानकारी अनुभव हो सकता है जो आपको अपने आस-पास की दुनिया में सांत्वना और सुंदरता खोजने में मदद करता है।

50

हर जगह सुंदरता ढूँढना

हर जगह सुंदरता ढूँढना एक मानसिकता है जो आपको दुःख से उबरने और अपने आस-पास की दुनिया में खुशी खोजने में मदद कर सकती है।

हर जगह सुंदरता ढूँढना क्या है?

हर जगह सुंदरता ढूँढना उस सुंदरता को पहचानने और उसकी सराहना करने के बारे में है जो दुनिया में मौजूद है, यहाँ तक कि सबसे अप्रत्याशित स्थानों में भी। यह सामान्य में असाधारण देखने और जीवन के रोजमर्रा के क्षणों में खुशी खोजने के बारे में है।

हर जगह सुंदरता ढूँढना क्यों महत्त्वपूर्ण है?

हर जगह सुंदरता ढूँढना कई कारणों से महत्त्वपूर्ण है। सबसे पहले और सबसे महत्त्वपूर्ण, यह आपके दृष्टिकोण को नकारात्मकता और दुःख से सकारात्मकता और कृतज्ञता में बदलने में मदद कर सकता है। अपने आस-पास की सुंदरता पर ध्यान केंद्रित करके, आप अपना मूड बेहतर कर सकते हैं, तनाव कम कर सकते हैं और संतुष्टि और तृप्ति की भावना

पैदा कर सकते हैं।

हर जगह सुंदरता कैसे ढूँढें?

हर जगह सुंदरता ढूँढना एक अभ्यास है जिसके लिए चेतना और जागरूकता की आवश्यकता होती है। प्रशंसा की मानसिकता विकसित करने में आपकी सहायता के लिए यहाँ कुछ कदम दिए गए हैं:

• कृतज्ञता का अभ्यास करें: प्रत्येक दिन की शुरुआत उन तीन चीजों पर विचार करके करें जिनके लिए आप आभारी हैं। इससे आपको प्रशंसा और सकारात्मकता की मानसिकता विकसित करने में मदद मिल सकती है।

• सकारात्मक की तलाश करें: किसी स्थिति के नकारात्मक पहलुओं पर ध्यान केंद्रित करने के बजाय, कुछ सकारात्मक खोजने का प्रयास करें। यह आपके दृष्टिकोण को बदलने और आपके दृष्टिकोण को बेहतर बनाने में मदद कर सकता है।

• धीमी गति से चलें और ध्यान दें: धीमी गति से चलने और अपने आस-पास की सुंदरता पर ध्यान देने के लिए समय निकालें। चाहे वह खिलता हुआ फूल हो, कोई पक्षी गा रहा हो, या किसी अजनबी की मुस्कान हो, हर पल में सुंदरता पाई जाती है।

• अपनी इंद्रियों को संलग्न करें: अपने आस-पास की सुंदरता को पूरी तरह से अनुभव करने के लिए अपनी इंद्रियों को संलग्न करें। अपने वातावरण के रंग, बनावट और गंध पर ध्यान दें।

• चेतना का अभ्यास करें: वर्तमान में रहकर और पल में पूरी तरह से व्यस्त रहकर चेतना का अभ्यास करें। इससे आपको जीवन की सुंदरता की सराहना करने में मदद मिल सकती है क्योंकि यह सामने आती है।

अंतिम समाधान

हर जगह सुंदरता ढूँढना एक शक्तिशाली अभ्यास है जो आपको दुःख से उबरने और जीवन में खुशी और पूर्णता पाने में मदद कर सकता

हैं। प्रशंसा और कृतज्ञता की मानसिकता विकसित करके, आप अपना दृष्टिकोण बदल सकते हैं और दुनिया को अधिक सकारात्मक और सार्थक तरीके से अनुभव कर सकते हैं। तो, क्यों न आज ही हर जगह सुंदरता ढूँढ़ना शुरू कर दिया जाए? चाहे वह प्रकृति में हो, कला में हो, संगीत में हो, या दूसरों की दयालुता में हो, जहाँ भी आप देखते हैं वहाँ सुंदरता पाई जाती है।

51

प्रकृति से जुड़ना

प्रकृति से जुड़ना दुःख को दूर करने और शांति और सुकून पाने का एक शक्तिशाली तरीका है।

प्रकृति से जुड़ना क्या है?

प्रकृति से जुड़ने में खुद को प्राकृतिक दुनिया में डुबोना और उसकी सुंदरता और शांति से जुड़ना शामिल है। चाहे वह पार्क में टहलना हो, नदी के किनारे बैठना हो, या पहाड़ों में लंबी पैदल यात्रा करना हो, प्रकृति से जुड़ना आपको विस्मय और आश्चर्य की भावना का अनुभव कराता है।

प्रकृति से जुड़ना क्यों महत्त्वपूर्ण है?

प्रकृति से जुड़ना कई कारणों से महत्त्वपूर्ण है। सबसे पहले और सबसे महत्त्वपूर्ण, यह तनाव, चिंता और अवसाद को कम करने में मदद कर सकता है। प्रकृति का मन और शरीर पर शांत प्रभाव पड़ता है, जिससे आपको अधिक आराम और शांति महसूस करने में मदद मिलती है। इसके अतिरिक्त, प्रकृति से जुड़ने से आपको अपने आस-पास की दुनिया से अधिक जुड़ाव महसूस करने में मदद मिल सकती है, जिससे आपकी

समग्र भलाई में सुधार हो सकता है।

प्रकृति से कैसे जुड़ें?

प्रकृति से जुड़ना एक सरल एवं सुलभ अभ्यास है। प्रकृति से जुड़ने के कुछ तरीके यहाँ दिए गए हैं:

• बाहर समय बिताएँ: हर दिन बाहर समय बिताने का प्रयास करें, भले ही वह केवल कुछ मिनटों के लिए ही क्यों न हो। चाहे आप किसी पार्क, बगीचे या अपने पिछवाड़े में हों, बाहर रहने से आपको अधिक जमीन से जुड़ा हुआ और प्रकृति से जुड़ा हुआ महसूस करने में मदद मिल सकती है।

• चेतना का अभ्यास करें: प्रकृति के दृश्यों, ध्वनियों और गंधों पर ध्यान देकर चेतना का अभ्यास करें। फूलों के रंग, पक्षियों की आवाज और अपनी त्वचा पर हवा के एहसास पर ध्यान दें।

• प्रकृति की सैर करें: प्रकृति की सैर पर जाएँ और अपने आस-पास की सुंदरता का आनंद लें। पेड़ों, फूलों और वन्य जीवन पर ध्यान दें और प्राकृतिक दुनिया की सराहना करने के लिए समय निकालें।

• अपनी इंद्रियों को संलग्न करें: प्रकृति का पूरी तरह से अनुभव करने के लिए अपनी इंद्रियों को संलग्न करें। अपनी आँखें बंद करें और पक्षियों की आवाज और पत्तों की सरसराहट सुनें। अपने पैरों के नीचे की जमीन की बनावट और अपनी त्वचा पर सूरज की गर्मी को महसूस करें।

• कृतज्ञता का अभ्यास करें: प्रकृति की सुंदरता के लिए कृतज्ञता का अभ्यास करें। प्राकृतिक दुनिया को उसके उपहारों और आशीर्वादों के लिए धन्यवाद देने के लिए कुछ समय निकालें।

अंतिम समाधान

प्रकृति से जुड़ना दुःख से उबरने और जीवन में शांति और आनंद पाने का एक सशक्त तरीका है। प्राकृतिक दुनिया की सुंदरता में डूबकर, आप तनाव कम कर सकते हैं, अपना मूड सुधार सकते हैं और अपने आसपास

की दुनिया से अधिक जुड़ाव महसूस कर सकते हैं। तो, क्यों न आज ही प्रकृति से जुड़ने का प्रयास किया जाए? चाहे वह पार्क में टहलना हो, नदी के किनारे बैठना हो, या बस अपने पिछवाड़े में समय बिताना हो, प्रकृति से जुड़ना एक परिवर्तनकारी अनुभव हो सकता है जो आपको उपचार और खुशी पाने में मदद करता है।

निष्कर्ष

जैसे ही हम दुःख पर काबू पाने के इन व्यावहारिक तरीकों के माध्यम से अपनी यात्रा के अंत तक पहुँचते हैं, सीखे गए सबक और आगे के रास्ते पर विचार करना महत्वपूर्ण है। यह पुस्तक दुःख और दुःख के अशांत जल में यात्रा करने वालों के लिए एक मार्गदर्शक, एक साथी और आराम का स्रोत रही है। प्रत्येक अध्याय ने उपचार के लिए एक नया दृष्टिकोण, एक नया नेत्रबिंदु और एक नया अवसर प्रदान किया है। यहाँ अंत में, आइए एक पल रुकें, साँस लें और उस उपचार और आशा को अपनाएँ जो हमारा इंतजार कर रहा है।

इस पूरी पुस्तक में, हमने दुःख पर काबू पाने के लिए व्यावहारिक रणनीतियों की एक विस्तृत श्रृंखला का पता लगाया है। दोस्तों से बात करने और पालतू जानवरों के साथ खेलने जैसी सरल गतिविधियों से लेकर जर्नलिंग और हर जगह सुंदरता खोजने जैसी अधिक आत्मनिरीक्षण प्रथाओं तक, हमने देखा है कि उपचार के लिए कोई एक दृष्टिकोण सभी के लिए फिट नहीं है। प्रत्येक व्यक्ति की यात्रा अनोखी होती है, और यह खोजना महत्वपूर्ण है कि आपके लिए सबसे अच्छा क्या काम करता है।

इस पुस्तक का एक प्रमुख विषय भावनाओं को स्वीकार करने और संसाधित करने का महत्व रहा है। दुःख और चिंता भारी हो सकते हैं, लेकिन खुद को इन भावनाओं को महसूस करने और व्यक्त करने की अनुमति देकर, हम ठीक होना शुरू कर सकते हैं। दोस्तों से बात करना, रचनात्मक गतिविधियों में शामिल होना और प्रकृति से जुड़ना हमारी भावनात्मक भलाई को पोषित करने और दुःख के बीच में सांत्वना पाने के सभी तरीके हैं।

उपचार का एक अन्य महत्वपूर्ण पहलू आत्म-देखभाल है। दुःख के समय में शारीरिक, भावनात्मक और मानसिक रूप से अपना ख्याल रखना महत्वपूर्ण है। चाहे वह झपकी लेना हो, छोटे लक्ष्य निर्धारित करना हो, या प्रतिदिन कृतज्ञता का अभ्यास करना हो, आत्म-देखभाल

हमें दुःख के उतार-चढ़ाव से निपटने और शांति और संतुष्टि के क्षण खोजने में मदद कर सकती है।

इस पुस्तक में चेतना भी एक आवर्ती विषय रहा है। वर्तमान में रहकर और उस क्षण में पूरी तरह से संलग्न रहकर, हम शांति और परिप्रेक्ष्य की भावना विकसित कर सकते हैं जो हमें दुःख से उबरने में मदद कर सकता है। ध्यान, गहरी साँस लेना और योग जैसी चेतन प्रथाएँ दुःख को प्रबंधित करने और आंतरिक शांति पाने के लिए शक्तिशाली उपकरण हो सकती हैं।

जैसे ही हम दुःख पर काबू पाने के इन व्यावहारिक तरीकों के माध्यम से अपनी यात्रा समाप्त करते हैं, आइए याद रखें कि उपचार एक प्रक्रिया है। शोक मनाना, उदास महसूस करना और अपने लिए समय निकालना ठीक है। लेकिन यह याद रखना भी महत्वपूर्ण है कि आशा है। इस पुस्तक में व्यावहारिक रणनीतियों को अपनाकर, अपनी भावनात्मक भलाई का पोषण करके, और स्वयं और दूसरों से जुड़े रहकर, हम दुःख के बीच में उपचार, खुशी और आशा पा सकते हैं।